강의 듣기의 기술 1

ㄱㄴㄷㄹ　　　　　　　　　　**외국인 유학생을 위한 교양 한국어**

강의
듣기의 기술 1

김경원 현원숙 유하라 오문경 장민정 지음

성균관대학교
출판부

　최근 한국 대학에서는 유학생 수가 많아짐에 따라 그들의 학업 능력에 대한 관심도 높아지고 있다. 일반 목적의 한국어와 대학에서 필요한 학문 목적의 한국어는 그 내용과 수준에 큰 차이가 있다. 유학생의 원만한 대학 생활을 위해서는 한국어 교육원에서 배웠던 일상생활의 영위를 위한 기초적 한국어 능력만으로는 부족하다. 대학에서 이루어지는 의사소통은 격식적인 상황에서 문어 중심으로 진행되는 특징이 있기 때문이다. 또한 일반교양 지식은 물론 전문 지식을 학습할 수 있는 정도의 한국어 능력도 필요하다. 이러한 언어 능력을 갖추지 못한다면 유학생들이 대학 생활을 제대로 영위하기 힘들다. 그리고 무엇보다도 대학에서 수학 능력을 극대화하기 위해서는 학습 언어 능력을 키우는 것이 시급하고 필수적이다.

　이러한 문제의식을 바탕으로 성균관대학교 학부대학에서는 〈외국인 유학생을 위한 교양 한국어〉 시리즈를 개발하여 세상에 내놓는다. 이 교재는 유학생들이 대학의 학업을 성공적으로 수행하도록 돕는 데에 목표를 두고 있다. 대학에서 필요한 한국어 의사소통 능력과 함께 학업에 필요한 실제적인 기술들을 중심으로 구성하였으므로 학습 과정 동안 한국어 능력은 물론 학업 능력까지 자연스럽게 향상될 것으로 믿는다.

　『강의 듣기의 기술 1』은 외국인 유학생들의 강의 듣기 어려움을 극복하고 강의를 잘 듣고 요약 정리를 할 수 있는 능력을 기르는 데 중점을 두고 있다. 이 교재는 실제성을 높이기 위해서 대학 교양 과목에서 접할 수 있는 강의를 오디오

4

와 동영상 형태로 동시에 제공한다.

　내용 면에서는 다음과 같은 특징이 있다. 먼저, 듣기 전 단계에서는 강의를 들을 때 학습자들이 이해하는 데 용이하도록 강의 주제와 관련된 읽기 자료와 생각해 보기를 제공하였다. 다음으로 듣기 단계에서는 2~3분 내외의 강의와 5분 이상의 강의를 듣고 단계별 과제를 수행하도록 하였다. 듣기 1 단계에서는 강의를 들으면서 주제를 파악하고 해당하는 단어나 표현을 넣도록 하였다. 듣기 2 단계에서는 단락별로 들으면서 소제목과 각각의 내용을 메모하도록 하였다. 그 후 단락별로 메모한 정보들을 바탕으로 노트 필기를 하여 정리할 수 있도록 하였다. 마지막으로, 듣기 후 단계에서는 강의를 듣고 필기하는 것으로 끝나지 않고 시험 답안 작성하기, 발표하기 활동 등으로 연계해 학습자가 대학 강의에 적응하는 데에 도움이 되도록 하였다.

　이 교재는 2014년 1학기에 성균관대학교의 학부대학 내에서 한국어 집중학습 과정이 개설될 때부터 집필하기 시작하였다. 그 학기가 끝날 무렵에 교재가 완성되었지만 유학생을 위해 어떤 수업을 진행할지에 대한 고민으로 한 학기 동안 난상 토론이 진행되었고 3년 이상을 교재 집필에 매달려 이제야 빛을 보게 된 것이다. 아무쪼록 이 교재 시리즈를 통해 유학생들의 학업 능력이 향상되어 한국에서 대학 생활을 만족스럽게 즐기고, 학업 성과도 크게 거두기를 기대한다.

　외국인 유학생들의 학업 능력 증진을 위해 바쁘신 가운데에서도 기꺼이 강의 촬영에 응해 주신 유홍준 학장님을 비롯하여 이우성, 윤희용, 김미리혜, 조연성, 배선애, 김석호, 오광근 교수님께 진심으로 감사의 마음을 전한다.

　마지막으로, 교재 준비부터 집필의 전 과정에서 작업이 수월하게 진행될 수 있도록 많은 도움을 주신 교육지원팀 실무 관계자들께 감사드린다. 덧붙여 이 교재들은 교육 프로그램과 관련되어 있어서 여러 종류의 교재 출판이 동시에 진행될 수밖에 없었다. 사정이 이러함에도 불구하고 출판 일정, 삽화, 교열 교정까지 꼼꼼하게 점검해 주신 성균관대학교 출판부 관계자 여러분께도 감사드린다.

2017년 8월
공동 저자 대표 김경훤

　　"강의 듣기의 기술 1"은 대학 강의를 수강하는 외국인 유학생들의 강의 듣기 능력 향상을 목적으로 하고 있다. 외국인 유학생들이 대학에서 학업을 수행하면서 가장 어려워하는 부분이 바로 강의 담화이다. 이에 계열별 교양 과목에서 자주 접하게 되는 주제를 중심으로 한 다양한 강의를 듣고 필요한 지식과 학습 기술을 익힐 수 있도록 교재를 구성하였다. 이 교재에서 제공하고 있는 듣기 자료들은 대학에서 이루어지는 실제 강의들이다. 외국인 학습자가 실제 대학 강의에 익숙해지도록 돕기 위해 정제된 녹음 강의가 아니라 실제 진행되는 강의를 자료로 사용하였다.

　　"강의 듣기의 기술 1"은 전체 12과로, 1부 '강의 듣기 이해'와 2부 '강의 듣기 실제'로 크게 나뉜다.

　　1부 '강의 듣기 이해'는 듣기 과정의 이해, 토론 담화 듣기, 발표 담화 듣기, 강의 담화 듣기를 다룬다. 1부는 각 담화의 특징에 따라 과제를 부여하여 듣고 그 과제를 수행하도록 구성되어 있다. 과제는 과제 1 - 과제 2 - 과제 3 단계별로 이루어진다.

　　• 과제 1은 문장을 듣고 주제와 핵심 어휘를 파악해 보도록 하였다.

　　• 과제 2는 각 담화의 특성에 따른 세부 내용을 파악해 보도록 하였다.

　　• 과제 3은 학습 내용을 강화하는 활동으로 각 담화의 전체 내용을 듣고 관련된 통합 활동(들은 내용 요약 정리하기, 토론문 작성하기, 발표문 작성하기, 강의 노트 필기하기)을 하도록 하였다.

　　2부 '강의 듣기 실제'는 2개의 실제 강의 자료를 수록하였다. 2부의 각 단원은 '듣기 전 활동' - '강의 듣기 1' - '강의 듣기 2' - '듣기 후 활동'으로 구성되어 있다.

- 강의 듣기에 필요한 배경 지식을 활성화하는
  단계이다.
- 학습자가 강의 주제와 관련된 글을 읽고 강의
  듣기에 필요한 기본 개념과 강의 관련 내용을
  미리 학습하도록 하였다.

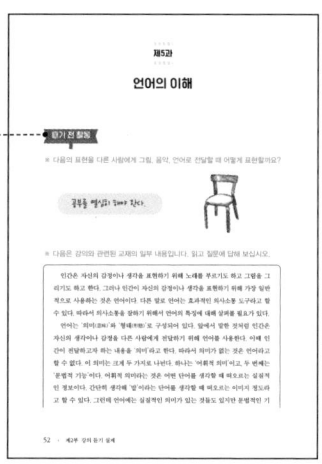

강의 듣기 1

- 2~3분 정도의 실제 강의 자료를 제공한다.
- 학습자가 강의를 들으면서 강의 주제를 파악하고, 중요한 표현을 빈칸에 적어 보
  도록 하였다. 마지막으로 강의 내용을 노트 필기 내용에 추가하도록 하였다.

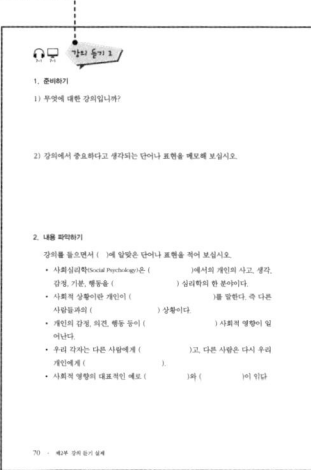

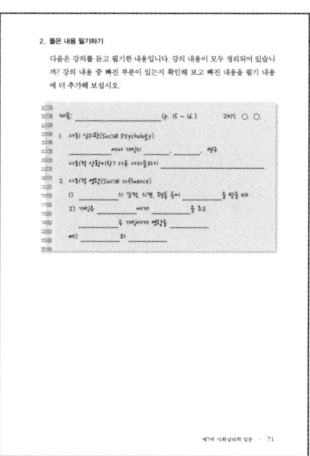

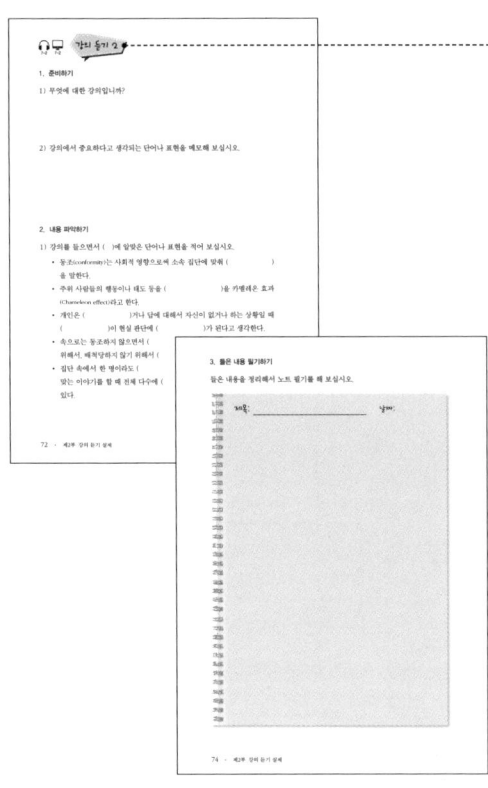

- '강의 듣기 1'과 연계된 과정으로, 앞의 강의보다 약간 긴 5분 정도의 강의를 제공한다.
- 이전 과정과 마찬가지로 학습자가 강의 주제를 파악하고, 중요한 표현을 빈칸에 적어 보고, 단락별 세부 내용을 메모해 보도록 하였다. 마지막으로 강의 내용을 정리하여 실제로 스스로 강의 내용 전체를 필기할 수 있도록 구성하였다.

듣기 후 활동

- 강의 듣기를 통해 알게 된 정보를 활용하는 단계이다.
- 학습자가 들은 내용과 관련된 지식 등을 바탕으로 말하기(발표하기)나 쓰기(시험 문제 풀기) 등과 연계할 수 있는 과제 활동을 제시하였다.

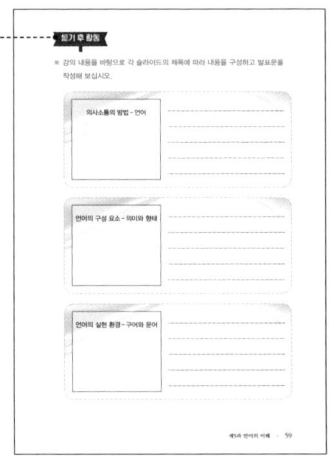

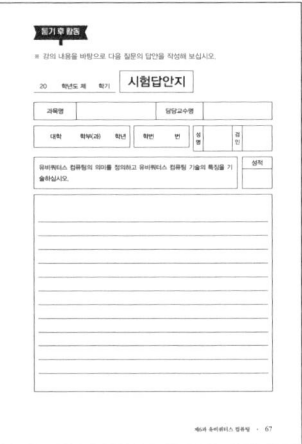

• 목차 •

제1부

강의 듣기 이해

제1과

듣기 과정의 이해

일반적으로 의사소통은 화자(話者, 말하는 사람)와 청자(聽者, 듣는 사람)가 말하기와 듣기 활동을 서로 주고받음으로 이루어지는 상호작용이다. 이때 이들의 상호작용은 음성 언어로 이루어진다. 따라서 듣기는 청자가 단순히 들리는 소리에 반응하는 것이 아니라 화자가 말하는 내용을 청자가 능동적으로 이해하는 과정이다. 청자는 화자가 전달하는 내용을 이해하고 그에 대한 적절한 반응을 보여야 의사소통이 이루어졌다고 판단할 수 있다. 대학에서 이루어지는 의사소통은 일상적인 의사소통 과정뿐만 아니라 학술적인 의사소통 과정도 포함된다. 특히 학문 목적의 의사소통은 화자가 전달하는 내용이 길고 어렵기 때문에 청자가 그 내용을 이해하고 그에 대한 적절한 반응을 보이기 쉽지 않다. 따라서 학문 목적의 의사소통을 효과적으로 수행하기 위해 학문 목적의 듣기 훈련이 필요하다.

듣기 과정은 듣기 전 단계, 듣기 단계, 듣기 후 단계로 구분된다.

듣기 전 단계는 청자가 듣기 활동 전에 듣게 될 내용에 대해 준비하는 단계이다. 듣기를 잘하기 위해서 우선 청자는 듣기를 통해 얻고자 하는 목적이 명확해야 한다. 화자와의 친교가 목적인지 청자의 지식 습득이 목적인지에 따라 듣기 태도가 달라지기 때문이다. 둘째, 청자는 브레인스토밍(brainstorming)이나 마인드맵(mind map)을 이용하여 자신의 배경지식이나 경험을 활성화해야 한다. 청자의 배경지식은 듣기 내용을 이해하는 데에 영향을 미친다. 텍스트에 대한 배경지식이 충분히 있을 때 청자는 화자의 발화 내용에 집중하게 되고 그 내용을 더 오랫동안 기억할 수 있게 된다. 마지막으로, 청자는 담화 유형과 시간적, 공간적 환경을 고려해야 한다. 담화 유형에 따라 화자가 내용을 전달하는 방식이 달라지므로 청자가 그 유형을 미리 파악하면 화자가 전달하고자 하는 내용을 좀 더 효과적으로 이해할 수 있게 된다. 대학에서 이루어지는 대표적 담화 유형으로는 강의, 발표, 토론 등이 있다. 각 유형별 특징에 대해서는 단원별로 자세히 다루어 보기로 한다.

듣기 단계에서 청자는 화자가 전달하는 텍스트(Text, 내용)에 집중해야 한다. 청자는 듣기 전 단계에서 얻은 활성화한 배경지식을 적극적으로 활용하여 가장 먼저 화자의 의도나 발화 목적을 추론해야 한다. 그리고 화자의 주장과 근거, 중심 내용과 세부 내용 등 텍스트를 구조화하면서 중요한 내용을 메모할 필요가 있다. 이때 모든 내용을 메모하는 것은 불가능하므로 중요한 것과 중요하지 않은 것을 구별할 수 있어야 한다. 그리고 들은 내용에 대한 적합성 판단도 필요하다. 청자는 화자가 전달하는 내용이 타당한지 내용 전개가 논리적인지도 함께 판단해야 한다. 또한 화자의 준언어적(목소리 크기, 속도, 유지, 강세, 억양 등), 비언어적 표현(시선, 자세, 표정, 몸짓 등)에 주의하며 들어야 하며 화자가 말하는 동안 적절한 반응을 보여야 한다.

듣기 후 단계는 청자가 들은 내용을 정리하거나 강화하는 단계이다. 이 단계에서 청자는 화자가 전달하고자 하는 내용을 들으면서 자신이 메모한 내용을 바탕으로 들은 내용을 다시 기술해 봄으로써 새로 알게 된 내용이 무엇인지 확인해야 한다. 이때 담화 유형에 따른 자신의 듣기 전략(담화 표지 파악하기, 약호나 약자 사용하기, 관련 정보 범주화하기, 주장과 근거, 추론하기, 개념 및 용어 정리하기, 도식화하기 등)과 태도에 대해 점검할 필요가 있다.

다음은 대학 생활에 필요한 여러 가지 정보를 제공하는 듣기 과제들입니다. 잘 듣고 담화 상황을 이해하고 제공된 내용을 파악한 후 들은 내용을 메모해 보십시오.

※ 다음을 잘 듣고 생각해 보십시오.

1. 들은 내용을 이해할 수 있습니까?

   모두 이해할 수 있다. ☐   조금 이해할 수 있다. ☐

   조금 어렵다. ☐   매우 어렵다. ☐

2. 들은 내용을 이해하기 어렵다면 그 이유는 무엇입니까?(모두 고르십시오.)

   어려운 어휘 ☐   복잡한 문법 ☐   긴 문장 ☐

   화자의 발음 ☐   빠른 말하기 속도 ☐

3. 내용을 이해하기 위해서 듣기 전에 무엇을 해야 할지 이야기해 보십시오.

※ 다시 듣고 다음 질문에 답하십시오.

1. 담화 상황 파악하기

누가, 언제, 어디에서, 누구에게, 어떤 목적으로 말하고 있습니까?

누가(화자)	
누구에게(청자)	
언제	
어떤 목적으로	

2. 내용 파악하기

1) 다음 단어의 의미가 무엇인지 찾아보고 다시 들어보십시오.

자기 성장기	몰입하다	비상하다
비전	스마트 사회	창의력
배양하다	콜럼버스(Christopher Columbus)	신대륙
닻을 올리다	모교	창의 기반 사회
인재를 배출하다	교육 선진화	국경
글로벌화	경계가 허물어지다	융복합 시대
수학 능력	리더십	취득하다
명심하다	인성	통찰력
통합 능력	역사의식	고전
폭넓다	함양하다	세계 시민
자질	역점을 두다	

2) 들은 내용과 같으면 ○표, 틀리면 ×표 하십시오.

가) 우리는 꿈과 비전을 세우고 창조적으로 도전해야 한다.(　　)

나) 우리는 스마트 사회를 이끌 글로벌 능력을 갖추는 데 힘써야 할 것이다.(　　)

다) 우리는 교육 선진화에 적극적으로 노력해야 할 것이다.(　　)

라) 미래 사회는 글로벌화와 산업 기술의 경계가 허물어지는 융복합 시대가 될 것이다.(　　)

마) 우리 대학은 학생들이 폭넓은 교양, 전문 지식, 리더십을 함양할 수 있도록 도울 것이다.(　　)

3. 들은 내용 메모하기

다음은 들은 내용을 정리해 놓은 것입니다. 틀린 부분이 있으면 바르게 고치십시오.

대학 4년은 최고의 자유를 누릴 수 있는 자기 계발임
이를 위해 해야 할 것들   └ 성장기

1. 꿈과 비전을 세우고 ○○○ 몰입
   꿈과 비전은 우리의 사회를 이끌게 됨
   스마트 사회를 이끌 창조력 배양 → 꿈과 목표를 향한 배양
   대학에서는? 미래 ○○ 기반 사회가 요구하는 창조적 도전 정신을 갖춘 인재를 배출하도록 교육 전진화를 적극적으로 추진하고 있음

2. 미래 사회는
   경제적으로 경계가 사라지는 글로벌화 + 산업 기술의 국경이 허물어지는 융복합 시대
   ∴ 글로벌화와 융복합 시대에 필요한 글로벌화를 갖추는 데 힘써야 함
   세계 인재들과 경쟁하여 성공할 수 있는 연구 능력, 외국의 다양한 문화 체험
   ➔ 글로벌 시대를 이끌 리더십을 취득
      글로벌 경쟁력 = 미래 사회의 능력

3. 미래 인재로서의 지성과 ○○○, 통합 능력을 갈고 닦는 노력
   전공 공부 이외에 ○○○○, 인문학, 사회 과학, 고전에 대한 ○○○ 학습
   대학에서는? 교육 개혁을 통하여 ○○○ 교양과 전문 지식, 국제 시민으로서의 교양과 차질, 리더십 하양에 역점

과제 2

1. 담화 상황 파악하기

누가, 누구에게, 언제, 어디에서, 어떤 목적으로 말하고 있습니까?

누가(화자)	
누구에게(청자)	
언제	
어떤 목적으로	

2. 내용 파악하기

1) 들은 내용 중 중요하다고 생각하는 단어를 적어 보십시오.

2) 잘 듣고 빈칸에 알맞은 단어를 넣으십시오.

과목명	
교수명	
수업 목표	1. 언어의 _____을 _____ 한다. 2. _____의 기본 _____인 음성학, 음운론, 형태론, 통사론, _____ 등을 _____으로 살펴본다.
평가 방법	_____ 30점 + _____ 30점, _____ 20점 + _____ 10점 + _____ 10점

3. 들은 내용 메모하기

위의 내용을 정리해서 다시 메모해 보십시오.

1. 교재:

2. 수업 목표: _____

_____ 는 것임.

3. _____ 와 _____ 30점씩, _____ 으로 평가함.

4. 과제는 _____ 에 제출하며 _____ 을 지킬 것.

5. 질문은 과목 Q/A, _____ 도 가능함.

🎧 과제 3
1-3

1. 담화 상황 파악하기

누가, 누구에게, 언제, 어디에서, 어떤 목적으로 말하고 있습니까?

누가(화자)	
누구에게(청자)	
언제	
어떤 목적으로	

2. 내용 파악하기

각 단락을 듣고 제목을 [보기]에서 고르십시오.

[보기]

동아리 가입 안내	수강 신청 및 정정	장학 제도
장학금 신청 방법	캠퍼스 안내	학사 일정
수강 신청 방법	학과 소개	학교통합정보시스템 이용 방법

단락	제목
가 1-3-가	
나 1-3-나	
다 1-3-다	
라 1-3-라	

3. 들은 내용 메모하기

위의 내용을 정리해서 메모해 보십시오.

1. _____

    개강: _____

    중간고사: _____

    기말고사: _____

    종강

2. _____

    수강 신청 기간: _____

    수강 신청 확인 및 변경: _____

    ★ 이후 수강 변경이 불가능

    수강 철회 기간: _____

    강의 평가:

    ★ 완료 시 성적 공시 기간에 성적 열람 및 이의 신청 가능

3. 수강 신청 방법

    학교 홈페이지 _____ → _____ 와 _____ 입력 → '통합 정보'

    _____ → 수업 영역에서 _____ 조회 → 신청 과목 _____ →

    수강 신청 _____ 누르기

    ★ 학기당 최대 18학점 가능

4. _____

    1) _____ : _____ , _____

    2) _____

        _____ 에 공지함

제2과

토론 담화 듣기

토론(debate)이란 여러 사람이 모여 의견을 나눈다는 뜻이다. 좀 더 구체적으로 말하면 나의 의견으로 다른 사람을 설득하는 행위이다. 토의와 달리 토론에서는 어떤 주제에 대해 찬성하는 측과 반대하는 측이 존재하므로 이때 화자에게는 의견(주장)과 정당성을 확보한 근거가 필요하다.

교육 현장에서 토론이 이루어질 때 집단의 구성원이 많기 때문에 구성원 모두가 자신의 의견을 발언하기는 어렵다. 따라서 사회자가 토론을 진행하며, 토론의 주제에 찬성하는 측과 반대하는 측의 토론자 몇 명이 서로의 의견을 교환하게 된다. 그리고 그 외의 구성원은 청중(聽衆)으로 참여하는 방식으로 진행된다.

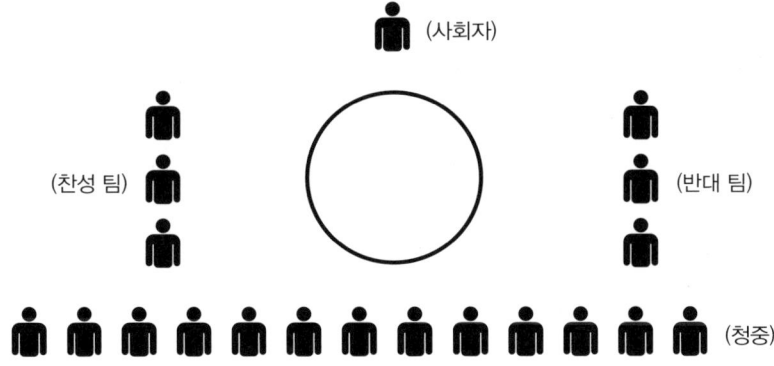

토론은 일반적으로 다음과 같은 구조를 가지고 있다.

도입	- 시작 인사 - 토론 주제 소개(사회자)
본론	- 주제에 대한 주장과 근거 제시 - 주장 정리와 반대 의견 요청(사회자) - 선행 주장에 대한 반대 주장과 근거 제시 - 주장 정리와 반대 의견 요청(사회자) ⋮
마무리	- 토론 내용 정리 - 토론 종료 알림

토론 담화를 들을 때는 찬성 측과 반대 측의 의견을 잘 듣고 토론자가 주장하는 내용을 파악하려고 노력해야 한다. 그뿐만 아니라 토론자가 제시하는 근거가 무엇인지, 그 근거가 타당한지, 그리고 토론자가 어떤 태도를 취하고 있는지 등도 고려해야 한다.

토론 담화를 효과적으로 듣기 위해서 청자는 우선 주제에 맞는 정보와 자료를 수집해야 한다. 그 다음으로 토론 주제에 해당하는 핵심어를 미리 파악해 두어야 한다. 주제와 관련된 용어나 개념 등 단어 목록을 작성해 두는 것도 좋다. 이때 주제와의 관련 유무를 구별하는 작업이 필요하다. 주제에 대한 배경지식이 많을수록 토론자들이 제시하는 주장과 근거를 좀 더 쉽게 이해할 수 있게 되기 때문이다. 마지막으로 토론할 때 사용되는 기본적인 표현들을 미리 익혀 두어야 한다. 토론에서 사용되는 담화 표지들을 이해하지 못하면 의미를 명확하게 이해하지 못할 수 있기 때문이다.

다음은 토론을 들을 때 내용의 흐름을 이해하는 데 도움이 되는 표현들이다.

1) 자신의 주장을 말할 때

~에 대한 제 의견을 말씀드리도록 하겠습니다.

제 생각에는 ~인 것 같습니다.

~는 ~다고/라고 생각해 볼 수 있지 않습니까?

이 문제에서 가장 주목해야 할 것은 ~다고/라고 생각합니다.

저는 ~다고/라고 생각합니다.

2) 다른 사람의 의견에 동의하며 보충할 때

저도 ○○○ 씨의 의견에 동의합니다.

~의 경우를 생각해 보아도 그 의견은 일리가 있다는 것을 알 수 있습니다.

방금 말씀하신 ○○○ 씨의 의견에 조금 덧붙이자면 ~

3) 상대의 의견에 반박할 때

지금 ○○○ 씨께서 ~다고/라고 말씀하셨는데 저는 조금 다르게 생각합니다.

좋은 지적이시지만, 저는 그 의견에 동의할 수 없습니다.

○○○ 씨의 의견도 일리는 있지만 ~다는/라는 점에서 문제가 있다고 생각합니다.

4) 상대방에게 의견을 물을 때

○○○ 씨는 이 문제에 대해 어떻게 생각하십니까?

~라는 의견에 ○○○ 씨는 어떻게 생각하십니까?

○○○ 씨는 ~에 대해 어떻게 생각하시는지 의견을 듣고 싶습니다.

5) 상대방의 주장을 다시 확인할 때

요약하자면 ○○○ 씨의 의견은 ~다는/라는 말씀이시지요?

그렇다면 ~의 경우에도 적용할 수 있을까요?

○○○ 씨는 ~다고/라고 말씀하셨습니다. 제가 이해한 것이 맞습니까?

다음은 토론 담화의 일부입니다. 토론의 주제를 파악하고, 말하는 사람이 주장하는 내용과 그에 대한 근거를 파악하면서 들어보십시오.

1. [가]~[바]는 각각 무엇에 대한 토론입니까? 그리고 토론자의 주장을 한 문장으로 정리해 보십시오.

	토론 주제	토론자의 주장
가 2-1-가		
나 2-1-나		
다 2-1-다		
라 2-1-라		
마 2-1-마		
바 2-1-바		

1. 무엇에 대한 토론입니까?

2. 주제에 대한 토론자들의 주장을 정리해 보십시오.

학력 향상과 사교육은
관계가 없다.

가 ⇨ 나 ⇨ 다

⇨ 라 ⇨ 마

3. 토론 주제에 찬성/반대하는 주장과 근거를 요약해 보십시오.

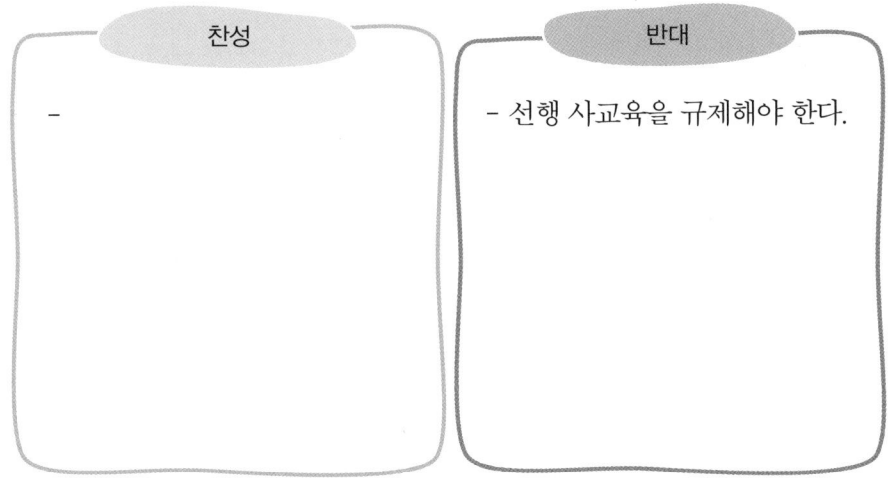

찬성	반대
-	- 선행 사교육을 규제해야 한다.

2-3

1. 무엇에 대한 토론입니까?

2. 주제에 대한 토론자들의 주장을 정리해 보십시오.

3. 다시 한 번 듣고 토론 주제에 대해 찬성/반대하는 의견과 근거를 요약해 보십시오.

4. 토론 참여자가 되어 자신의 생각을 정리해 보십시오. (다음 장의 〈예〉 참조)

토론 주제: _____

	찬성 □　　　　　　　　　반대 □
의견	
근거	
예상되는 상대방의 반박	
나의 반박	

〈예〉토론 주제: 취업을 위한 성형수술

	찬성 ☐	반대 ☑

의견	나는 취업을 위한 성형에 반대한다. 외모로만 그 사람을 평가한다면 우리는 과연 그 사람에게 좋은 평가를 내릴 수 있을까? 성형의 문제는 외적인 모습에 초점을 두어 인성, 능력 등을 제대로 평가하지 않는 사회적 문제에서 유발되었다. 인성과 능력을 갖춘 사람이 외모로 인해 취직을 못하게 된다는 것은 차별이며 부당하다. 또한 기업이 인재를 제대로 활용하지 못하는 것은 사회적 손실이 될 수 있다.
근거	*헤럴드 경제 '입사원서 평가 '10분 안에 판가름… '경험표현'에 역량 쏟아라, 2017. 3. 1일자* ⇒ 이력서 사진(9.4%), 성별(8.5%), 거주지(8.1%)는 이력서 검토 시 그다지 중요하게 여겨지지 않는 것으로 조사됐다. 가장 중요하게 평가하는 항목으로는 지원 동기(20.9%)와 직무 경험 및 스토리(18.0%)가 꼽혔다. 입사 후 포부(14.7%), 성격의 장점(14.4%), 글의 구성 및 문장력(9.3%) 등도 비중이 높았다. *SK그룹은 "과도한 스펙 쌓기 경쟁에 따른 사회적 비용을 최소화하고 직무수행 능력 중심의 '열린 채용' 정착을 위해 스펙 기재란을 없애기로 했다"라고 밝혔다. 지원자 사진 항목도 없앴다. 그 대신 가치관, 행동규범 등을 중심으로 자기소개서 검증을 강화하고 직무수행 능력은 면접 및 인턴십을 통해 검증한다.*
예상되는 상대방의 반박	취업은 생존 수단이다. 외모 때문에 탈락하는 사람들이 성형 수술을 하는 이유는 자신의 콤플렉스를 사라지게 할 수 있고 잃어버린 자신감을 찾을 수 있다.
나의 반박	취업이 인생의 전부는 아니다. 수술이 자신감을 주지 못한다. 외모보다 자신을 사랑할 줄 알고 스스로가 자신 있게 사는 것이 중요하다.

발표 담화 듣기

대학의 교육 현장에서 빈번히 이루어지는 담화 중 하나는 발표이다. 발표 담화란 학습자가 주어진 주제에 대해 조사하고 연구한 결과를 다른 학습자나 교수에게 보고하는 활동이다. 따라서 발표 담화는 발표자(화자), 선정한 주제에 대한 발표 내용(텍스트), 그리고 청중(교수, 학생들)으로 구성되어 있다. 발표 담화 상황에서 청자는 발표자의 발표를 들으면서 내용을 이해하는 것과 동시에 화면에 제시된 정보들도 이해할 수 있어야 한다. 그러므로 발표를 들을 때는 발표 담화 구조의 단계별 특징을 파악하여 내용의 흐름을 놓치지 않는 것이 중요하다.

발표 담화는 일반적으로 다음과 같은 구조를 가지고 있다.

도입	- 시작 인사 - 발표 내용 개관
본론	- 소주제 도입 1 - 소주제 심화 1 - 수업 내용 부분 정리 - 화제 전환 + 소주제 도입 2 - 소주제 심화 2
마무리	- 발표 주제 정리 - 발표 종료 알림

도입에서 발표자는 발표 주제를 소개하고 주제를 선정한 이유, 발표 목적 등을 제시하므로 청자는 발표 주제와 주제 선정 이유, 목적 등을 파악해야 한다. 발표의 대부분을 차지하는 본론은 주제를 본격적으로 설명하는 부분이므로 청자는 발표자의 설명 전개 방식을 파악하여 그 내용을 이해해야 한다. 마무리에서는 발표자가 주제를 다시 반복하고 발표 내용을 정리하므로 청자는 자신이 파악한 내용을 재확인할 수 있다.

다음은 발표 담화를 효과적으로 듣기 위해서 청자가 해야 할 일들이다.

첫째, 발표 주제가 정해지면 주제와 관련된 정보를 미리 수집해 두는 것이 좋다. 발표 주제와 관련된 교재 내용을 미리 읽고 요약하거나 도서관이나 인터넷에서 주제와 관련된 자료를 수집하여 정리해 두는 것이 발표 내용을 이해하는데에 도움이 된다. 둘째, 발표자가 미리 발표문을 제공하는 경우가 많으므로 청자는 발표 내용을 미리 읽어 둘 필요가 있다. 발표문에 필요한 내용을 덧붙이면서 들으면 내용을 좀 더 명확히 파악할 수 있다. 또한 듣는 도중에 간혹 집중력이 떨어지거나, 내용이 어려울 때에도 도움을 받을 수 있다. 셋째, 발표에 사용되는 담화 표지를 익혀 두는 것이 좋다. 담화 표지를 익혀 두면 지금 발표의 어느부분을 진행하고 있는지, 설명 방식이 무엇인지 등을 파악하기 쉬워진다. 마지막으로 발표 내용을 들으면서 발표문이나 발표 요약문의 중요한 정보에 밑줄을 긋거나 필요한 내용을 메모해야 한다. 그리고 발표가 끝난 후 발표 내용을 다시정리해야 한다.

다음은 발표를 들을 때 내용의 흐름을 이해하는 데 도움이 되는 표현들이다.

| 도입 | ① 시작 인사
안녕하십니까. 저는 오늘 발표를 맡은 ~입니다.
② 발표 내용 개관
저는 ~에 대해 발표하겠습니다.
저희 조에서는 ~에 대해 말씀드리고자 합니다. |

본론

① 소주제 도입

먼저 ~에 대해 살펴보겠습니다.

우선 ~에 대해 말씀드리겠습니다.

② 소주제 심화

그것에 대해 좀 더 자세히 말씀드리면 ~

이 문제를 좀 더 자세히 살펴보면 ~

③ 수업 내용 부분 정리

지금까지 말씀드린 것을 종합해 보면 ~

지금까지 ~에 대해 살펴보았습니다.

그러니까 지금까지의 내용을 요약해 보면 ~

이상의 내용을 요약해 보면 ~

④ 화제 전환 + 소주제 도입

그러면 다음으로 ~에 대해 말씀드리겠습니다.

그러면 다음으로 넘어가겠습니다.

다음 말씀드릴 내용은 ~입니다.

마무리

① 발표 주제 정리 및 질의응답

지금까지 ~에 대해 말씀드렸습니다.

지금까지 발표한 내용을 간단히 요약하면 다음과 같습니다.

중요한 것은 ~다는/라는 점입니다.

발표 내용에 궁금하신 점이 있으시면 질문해 주십시오.

마지막으로 질문을 받겠습니다. 혹시 궁금하신 것 있으십니까?

② 발표 종료 알림

이상 발표를 마치겠습니다. 잘 들어주셔서 감사합니다.

이상으로 ~에 대한 발표를 마치겠습니다.

다음은 발표 담화의 일부입니다. 발표의 주제를 파악하고, 중요한 내용을 파악하면서 들어보십시오.

1. [가]~[바]는 발표의 일부분입니다. 이들이 발표 담화 구조 중 어느 부분에 해당하는지 ✓ 표 해 보십시오. 그리고 무엇에 대해 발표를 했는지 혹은 무엇에 대한 발표를 할 것인지를 추측해 보십시오.

발표 구조 파악	발표 주제
가 3-1-가 도입☐ – 본론☐ – 마무리☐	
나 3-1-나 도입☐ – 본론☐ – 마무리☐	
다 3-1-다 도입☐ – 본론☐ – 마무리☐	
라 3-1-라 도입☐ – 본론☐ – 마무리☐	
마 3-1-마 도입☐ – 본론☐ – 마무리☐	
바 3-1-바 도입☐ – 본론☐ – 마무리☐	

2. 다시 듣고 빈칸에 알맞은 말을 쓰십시오.

[가] 사교육의 (　　　　　)과 (　　　　　)에 대해 간단히 살펴보았
습니다. 다음으로 사교육이 (　　　　　) 비중에 대해 살펴보도록
하겠습니다.

[나] 오늘 발표를 (　　　　) 이수민입니다. 저는 '커피가 (　　　　)'에
대해 (　　　　　) 보았습니다.

[다] 지금까지 말씀드린 것을 (　　　　　) 보면 지구 (　　　　　)의
속도를 느리게 하기 위해서는 우리 모두 (　　　　　)에 관심
을 가지고 (　　　　　　　) 위해 노력해야 한다는 것입
니다.

[라] 오늘 저희 조는 소셜네트워크서비스, 즉 (　　　　　　)에 대
해 말씀드리고자 합니다. 우선 (　　　　　　)을 살펴보고,
(　　　　　　　), (　　　　　　) 순으로 말씀드리겠
습니다.

[마] 한류란 대한민국의 문화가 다른 나라에서 인기를 얻는 (　　　　)
으로 정리해 볼 수 있습니다. 그럼 한류가 어떤 (　　　)으로 나타
나는지 (　　　　　) 살펴보도록 하겠습니다.

[바] 가짜 뉴스의 정의가 모호함에 따라 (　　　　　)이 매우 어려
운 상황입니다. 그래서 (　　　　　　)을 제외하고 대상을
(　　　　　　) 즉 수용자에 한정하여 (　　　　　)을 제
시해 보려고 합니다.

과제 2

3-2

1. 다음 발표 목차입니다. 목차를 읽고 발표 내용을 추측해 보십시오.

> 소셜 네트워크 서비스(SNS)의 올바른 이용 방법
>
> 1. 소셜 네트워크 서비스(SNS)의 개념과 이용 현황
>
> 2. 소셜 네트워크 서비스(SNS)를 이용하는 이유
>
> 3. 소셜 네트워크 서비스(SNS)의 문제점
>
> 4. 소셜 네트워크 서비스(SNS)의 올바른 이용 방안

2. 들은 내용이 위의 목차의 어느 부분인지 찾아서 표시해 보십시오.

3. 다시 잘 듣고 발표 슬라이드를 완성해 보십시오.

> | |
> | --- |
> | 1. 정보를 신속하게 공유할 수 있음.
　→
2. 사회적 배경, 종교, 성별, 연령에 상관없이
　다양한 사람들과 교류할 수 있음.
　→ |

과제 3

1. 🎧 **발표 내용을 잘 듣고 질문에 답하십시오.**
   3-3

   1) 발표의 주제는 무엇입니까?

   2) 프레젠테이션 목차를 완성해 보십시오.

목차
I.
II.
III
IV.

2. 🖥 **발표 동영상을 보면서 슬라이드를 완성해 보십시오.**
   3-3

I. 가짜 뉴스의 개념 및 특징
1. 가짜 뉴스란?
사실에 _____
사실에 근거하지 않는 _____는 많다!
(ex: 찌라시, 오보, 유언비어)

I. 가짜 뉴스의 개념 및 특징
1. 가짜 뉴스의 특징
▸ 언론사에서 나오는 _____
▸ 전체 또는 부분적으로 _____ 만들어짐.
▸ 여론 형성과 _____ 을 줌.
▸ _____ 위해서 생산됨.

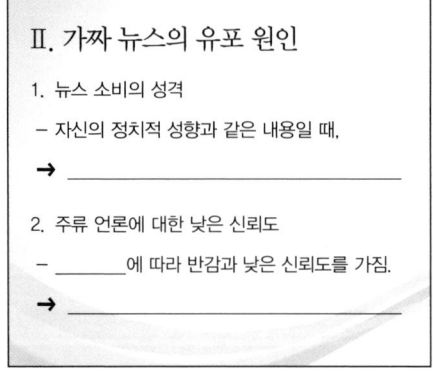

II. 가짜 뉴스의 유포 원인

1. 뉴스 소비의 성격

 － 자신의 정치적 성향과 같은 내용일 때,

 ➜ _____

2. 주류 언론에 대한 낮은 신뢰도

 － _____에 따라 반감과 낮은 신뢰도를 가짐.

 ➜ _____

III. 가짜 뉴스의 문제점

1. 특정한 정치적 목적을 실현하기 위해 생산되므로,

 _____

2. 특정 집단, 개인의 이해관계에 따라

 _____

3. 사회를 _____

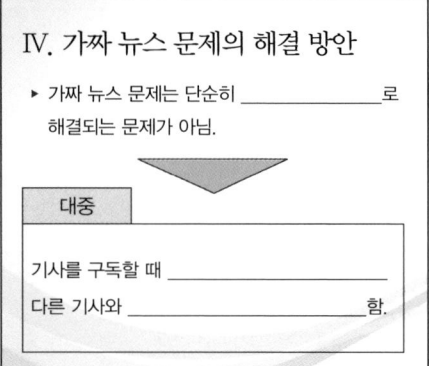

IV. 가짜 뉴스 문제의 해결 방안

 ▸ _____

 관련 법제 제정이 어려운 상황임.

 언론사

 기사 작성에 있어서, _____

 언론을 사칭하는 _____

 사실 관계 확인에 대한 _____

IV. 가짜 뉴스 문제의 해결 방안

 ▸ 가짜 뉴스 문제는 단순히 _____로 해결되는 문제가 아님.

 대중

 기사를 구독할 때 _____

 다른 기사와 _____ 함.

3. 앞의 슬라이드를 참고하여 자신의 발표문을 완성해 보십시오.

〈발표 구성 방식〉

• 발표를 시작할 때:
  인사 → 자기소개 → 주제 제시 → 목적 및 이유 설명 → 발표 순서(목차) 제시

• 발표 내용을 설명할 때:
  각 슬라이드에 적절한 설명 방법을 사용함: 정의하기, 비교·대조 하기, 근거 밝히기, 나열하기 등

• 발표를 끝낼 때:
  발표 마무리 알리기 → 발표 요약하기 → 결론 말하기 → 마무리하기 → 질의응답 → 인사

〈발표 시작〉

안녕하세요? 저는 오늘 발표를 맡게 된 _____(소속, 이름)_____ 이라고 합니다.

최근 _____(주제 선정 이유 및 배경 설명)_____ 이/가 필요한 상황입니다. 그래서 오늘

저는 _____(발표 주제)_____ 에 대해 발표하고자 합니다.

발표의 순서는 다음과 같습니다. 먼저 _____

_____

_____ .

〈발표 내용〉

_____

_____

_____

_____

_____

_____

_____

_____

_____

_____

_____

_____

〈발표 마무리〉

결론적으로 말씀드리자면 _____(자신의 의견/정리)_____ 해야 할 것입니다. 제 발표는

여기까지입니다. 질문이 있으십니까? 질문이 없으시면 이상으로 발표를 마치겠습니다.

잘 들어 주셔서 감사합니다.

제4과

강의 담화 듣기

강의는 대학에서 가장 많이 이루어지는 담화 형태이다. 강의 담화는 화자(교수), 텍스트(강의 내용), 그리고 청자(학생)로 구성되어 있다. 강의 담화는 다른 담화 유형에 비해 듣기 시간도 길고 내용도 매우 전문적이어서 그 내용을 이해하기 쉽지 않다. 그리고 주제와 관련된 전문 용어가 많이 쓰이며 한자어와 외국어가 사용되기도 한다.

강의 담화에는 화자(교수)가 준비된 텍스트(강의 내용)를 일방적으로 전달하는 방식과 화자가 텍스트 없이 청자와 이야기하듯 설명하는 방식이 있다. 전자는 내용이 다소 어렵다거나 화자의 발화가 빨라지는 경향이 있는 반면에 후자는 일정한 형식이 없고 화자의 다양한 어조 변화, 잦은 화제 전환, 질문, 여담 등이 섞여 있는 경우가 많다.

강의 담화는 다음과 같은 구조를 가지고 있다.

도입	- 시작 인사
	- 학습 내용 개관
	- 전 시간 내용 및 관련 학습 정리

본론	- 소주제 도입 1
	- 소주제 심화 1
	- 수업 내용 부분 정리
	- 화제 전환 + 소주제 도입 2
	- 소주제 심화 2
마무리	- 강의 주제 반복 및 요약
	- 다음 수업 내용 예고
	- 수업 종료 알림

강의 담화의 구조는 발표 담화의 구조와 유사하지만, 강의 담화는 그 내용이 연속성을 가진다는 점에서 발표 담화와 차이가 있다. 그래서 강의 담화의 도입에서는 일반적으로 이전에 학습한 내용을 정리하고 점검하는 과정이 포함된다. 강의는 전체 수업 목표에 맞추어 진행되므로 한 학기의 수업 목표와 해당 강의 시간의 수업 목표가 무엇인지 염두에 두어야 한다.

강의를 들을 때 청자(학습자)가 내용을 이해하지 못하는 원인은 여러 가지가 있다.

먼저, 주제에 대한 청자의 지식이 부족한 경우이다. 강의 듣기는 들은 정보를 종합하고 분석하는 능력을 요구하기 때문에 텍스트(강의 내용)를 이해하기 위해서는 청자의 폭넓은 배경지식이 필요하다. 강의 주제에 대한 청자의 배경지식이 충분히 있을 때는 잘 듣게 되고 그 내용을 장기간 기억할 수 있지만, 배경지식이 없을 때는 듣기에 집중하지 못하기 때문에 강의 내용을 전혀 이해하지 못하게 된다. 강의 듣기에서 중요한 것은 강의 내용에 대한 이해이므로 배경지식을 적극적으로 활용하여 강의 담화의 전개 구조를 파악하고 중요한 내용을 잘 정리할 수 있어야 한다. 그러므로 강의를 잘 듣기 위해서는 강의 내용을 예습해야 하는데 교재를 미리 읽고 그 내용을 정리하고 강의 주제와 관련된 주요 단어를 정리해 두어야 한다. 강의 듣기가 끝난 후에는 필기한 내용을 중심으로 들은 내용을 다시 정리하고 주요 단어의 개념(용어)도 함께 정리해 두어 자신의 지식으로 만들 필요가 있다.

다음으로 화자(교수)의 전달 방식과 전달 내용 그리고 문장 구조 등이 불분명하고 복잡한 경우이다. 이러한 어려움을 극복하기 위한 학습 기술로서 노트 필기는 아주 유용하다.(4과 [과제 2] 참조) 노트 필기는 강의에 집중할 수 있게 하며 강의 내용을 장기적으로 기억할 수 있게 도와준다. 이때 청자는 강의 내용을 모두 필기하는 것이 아니라 강의와 관련 있는 내용과 관련 없는 내용을 구별해야 한다. 교재가 있다면 강의를 들으면서 화자(교수)가 강조하는 부분에 밑줄을 치거나 메모를 할 수도 있다.

한편 화자(교수)의 발음, 속도, 억양, 사투리 등 발화적 특성과 함께 머뭇거림, 간투사, 비문법적 요소, 사회문화적 의미가 담겨져 있는 어휘 등이 혼재하는 경우도 있다. 따라서 강의를 잘 이해하기 위해서는 강의와 관련된 여러 가지 담화 표지들을 익혀 둘 필요가 있다. 강의 내용이 어렵더라도 강의 도중에 사용되는 담화 표지를 통해 강의 흐름을 파악하는 데에 도움을 받을 수 있다.

다음은 강의를 들을 때 내용의 흐름을 이해하는 데 도움이 되는 표현들이다.

도입	자, 오늘 강의를 시작하겠습니다. 지금부터 ~에 대한 강의를 시작하겠습니다. 오늘은 ~에 대해서 알아보도록 하겠습니다. 오늘의 주제는 ~입니다. 지난 시간에/전에 우리 ~에 대해서 공부했지요? 지난주에 이어 오늘은 ~에 대해 알아보도록 하겠습니다. ~에 대해서는/~은 알고 있을 거예요.

본론

① 소주제 도입

오늘은 ~에 대해서 알아보도록 합시다.

우리가 오늘 살펴보게 될 것은 ~입니다.

② 소주제 심화

좀 더 보자면/좀 더 자세히 이야기해 보면

그러니까

③ 수업 내용 부분 정리

지금까지 ~에 대해서 살펴보았습니다.

지금까지 ~에 대해서 공부했습니다.

그러니까 지금까지 우리가 본 것을 요약해 보면 ~

④ 화제 전환 + 소주제 도입

자, 그러면 이번에는 ~을 보도록 하겠습니다.

자, 다음으로 ~에 대해서 살펴보도록 합시다.

다음으로 살펴봐야 할 주제는 ~입니다.

마무리

지금까지 ~에 대해서 살펴보았습니다.

오늘은 ~에 대해서 공부했습니다. 지금까지 이야기한 내용을 요약해 보면 ~

오늘 이야기한 내용 중에서 질문 있나요?

그럼 다음 시간에는 ~에 대해서 알아보도록 합시다.

오늘은/오늘 수업은 여기까지 하겠습니다

다음은 강의 담화의 일부입니다. 강의의 주제를 파악하고, 중요한 내용을 파악하면서 들어보십시오.

1. [가]~[바]는 강의의 일부입니다. 이들이 강의 담화 구조 중 어느 부분에 해당하는 지 ✓ 표 해 보십시오. 그리고 무엇에 대해 강의를 했는지 혹은 무엇에 대한 강의를 할 것인지를 추측해 보십시오.

	강의 구조 파악	강의 주제
가 4-1-가	도입☐ – 본론☐ – 마무리☐	
나 4-1-나	도입☐ – 본론☐ – 마무리☐	
다 4-1-다	도입☐ – 본론☐ – 마무리☐	
라 4-1-라	도입☐ – 본론☐ – 마무리☐	
마 4-1-마	도입☐ – 본론☐ – 마무리☐	
바 4-1-바	도입☐ – 본론☐ – 마무리☐	

2. 다시 듣고 빈칸에 알맞은 말을 쓰십시오.

[가] 영화에 대해서 가장 (   )을 확인해 보는 시간을 갖
     도록 하겠습니다. (   )고 영화의 (   )
     는 어떤 것들이 있고 (   )는 어떤 것들이 있는지
     등을 살펴보도록 하겠습니다.

[나] 가장 중요한 것은 (   )로 여러분들의 (   )을 전달
     하려면 반드시 (   ) 또는 (   )를 고려해서 어떻게 할 것
     인지가 매우 중요합니다. 이것이 오늘 (   )에서 제가
     전달하고자 하는 가장 중요한 주제라고 할 수 있겠습니다.

[다] 이것이 다국적 기업이 해외 시장에 (   ) 여러 가지
     (   )에 대해서 말씀을 드린 것입니다. 여러분이 이것만 이해
     하시면 기본적으로 다국적 기업의 (   ) 및 (   )의
     모든 부분을 이해했다고 볼 수 있습니다.

[라] 사회심리학(Social Psychology)은 사회적 상황에서의 개인의 (   ),
     생각, (   ), 기분 등 (   ) 심리학의 한 분야
     라고 보시면 되겠습니다.

[마] 본 강좌에서는 우선 (   )이라는 것이 무엇인지에
     대한 (   ) 설명을 우선 시작하겠습니다.

[바] 이처럼 지금 우리가 현재 살고 있는 앞으로 우리가 (   )
     21세기 사회에 대해서 (   )이 (   )이
     존재하고 있는데, 이 사회가 어떻게 바뀌어 가게 될 것인지에 대해서
     사실 우리가 지금 쉽게 (   ) 수는 없다고 생각합
     니다.

과제 2

> 강의 들으면서 필기하기

① 필기 날짜와 함께 강의 내용이 교재의 어느 부분에 나오는지 페이지를 노트에 적어 둔다.

② 교수가 칠판에 쓰는 내용과 강조하는 부분을 중심으로 필기한다. 이때 밑줄과 기호를 이용해서 중요한 부분을 표시한다.

③ 교수가 강조할 때 어떤 것에 대해 여러 번 설명하거나 주의를 환기시키고 큰 목소리로 설명하는 경우가 많으므로 이런 것들에 주의해서 듣는 것이 좋다.

④ 필기할 때는 긴 글로 쓰기보다는 중요한 단어나 짧은 문장으로 쓰는 것이 편리하다.

⑤ 강조하거나 반복한 부분은 다른 색의 펜으로 강조해 두는 것이 좋다.

1. 다음은 강의 내용을 필기한 것입니다. 잘 읽고 강의 내용을 추측해 보십시오.

과목명: 경제학 입문   2017. 3. 2.

1. 수업 목표

　1) 이 세상에서 가장 소중한 존재에 대한 인식

　　- 개인으로서 자기 이해를 극대화하는 나

　　- 한 사회의 구성원으로서 타인과 공감하는 우리

　　- 유기적 생태계와 교감하고 상호작용하는 소우주

　2) 복잡하고 늘 변화하는 경제현상을 포착하고 이해

　　- 논리적 정확성이 있고 현실을 설명하고 개선하는 이론의 학습

　3) 우리 시대의 인류가 직면하고 있는 경제 문제에 대한

　　★ 합리적, 현실적인 해법을 사유

2. 강의 방법

　1) 추상적 이론 모형(Model)의 학습

　2) 일상의 구체적 사례를 통한 이야기 나눔: 스토리텔링(Story telling)

　3) 학생과 교수 간 문답식 — 소크라테스식 대화

---

2. 필기한 내용을 보면서 강의를 들어 보십시오. 강의 내용이 모두 정리되어 있습니까? 강의 내용 중 빠진 부분이 있는지 확인해 보고 빠진 내용을 더 추가해 보십시오.

과목명: 경제학 입문   2017. 3. 2.

1. 수업 목표

  1) 이 세상에서 가장 소중한 존재에 대한 인식

     - 개인으로서 자기 이해를 극대화하는 나

     - 한 사회의 구성원으로서 타인과 공감하는 우리

     - 유기적 생태계와 교감하고 상호작용하는 소우주

  2) 복잡하고 늘 변화하는 경제현상을 포착하고 이해

     - 논리적 정확성이 있고 현실을 설명하고 개선하는 이론의 학습

  3) 우리 시대의 인류가 직면하고 있는 경제 문제에 대한

     ★ 합리적, 현실적인 해법을 사유

2. 강의 방법

  1) 추상적 이론 모형(Model)의 학습

  2) 일상의 구체적 사례를 통한 이야기 나눔: 스토리텔링(Story telling)

  3) 학생과 교수 간 문답식 — 소크라테스식 대화

3. 평가

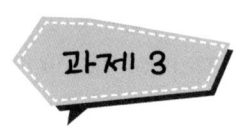

과제 3

1. 준비하기

1) 무엇에 대한 강의입니까? 강의 주제는 무엇입니까?

2) 다음은 강의와 관련된 교재 내용의 일부입니다. 읽고 질문에 답해 보십시오.

사회학(Sociology)은 사회에 대한 학문이다. 즉 개인의 사회적 삶, 인간 집단과 사회를 연구하는 학문이다.

21세기 현대 사회는 빠른 속도로 변화하고 있다. 무인 자동차, 우주여행 등 과거 상상 속에서나 가능했던 일이 현대 사회에서 실현되고 있다. 사회학자들은 미래 사회가 급속도로 변화할 것이라는 데에 동의하고 있으나 그 변화가 어떤 방향으로 진행될지에 대해서는 의견이 분분하다. 어떤 학자들은 기술의 발달로 인간의 삶의 질이 향상될 것이라고 예측하고 있다. 그러나 어떤 학자들은 기술의 발달이 이전의 인간의 삶과 충돌하게 될 것이라고 주장하고 있다. 예를 들어 제4차 산업 혁명과 관련해서 인공지능 기술이 발전하고 있는데, 이러한 현상에 대해 전자는 인간의 삶의 질이 향상될 것이라고 긍정적인 견해를 내놓는 반면 후자는 사람들이 일자리를 잃게 될 것이라고 부정적인 견해를 내놓고 있다.

그러나 실제로 미래 사회가 어떻게 변화될 것인가에 대해 쉽게 단정할 수는 없다. 왜냐하면 사회라고 하는 것은 궁극적으로 그 사회를 구성하고 있는 인간들이 만들어나가는 것이기 때문이다. 사회적인 존재로서 인간들은 자기가 태어나서 속하게 되는 그 사회에서 그 사회 구조의 영향을 받기도 하지만 한편으로는 각 개인이 하나의 주체적인 존재로서 생각하고 행동함으로써 사회에 영향을 미친다. 즉 다시 말하면 미래 사회는 인간 스스로가 어떻게 생각하고 어떻게 행동하느냐에 따라서 긍정적인 방향으로도 또는 부정적인 방향으로도 만들어질 수 있다.

(1) 사회학(Sociology)의 어원과 그 의미를 정의해 보십시오.

(2) 미래 사회에 대한 학자들의 견해는 몇 가지입니까? 그 견해를 정리해
    보십시오.

(3) 필자는 미래 사회가 어떻게 변화할 것으로 보고 있습니까? 그의 견해를
    정리해 보십시오. 그리고 그 이유를 써 보십시오.

2. 내용 파악하기

1)  [가]를 들으면서 (   )에 알맞은 단어나 표현을 적어 보십시오.

- 사회학(Sociology)은 사회에 대한 학문, (   )이다.
- 우리는 혼자만 살 수 있는 존재가 아니라 (   )이다.
- 사회학에서는 사람의 (   ), 즉 다른 사람들과 같
  이 어떤 모습으로 살아가는지를 연구한다.

2) 다시 듣고 [가]의 제목과 중요한 내용을 메모해 보십시오.

제목	
내용	

3) [나]를 들으면서 (   )에 알맞은 단어나 표현을 적어 보십시오.

- 인간의 (   )이 향상된다.
- 미래가 우리에게 (   ) 펼쳐질 것이다.
- 미래의 긍정적인 가능성에 대한 (   )된다.
- 일부 학자들은 미래 사회를 (   )하기도 한다.
- 4차 (   ) 사람들이 일자리를 거의 잃게 될 것이다.
- 21세기 사회에 대해서 (   )이 존재하고 있다.
- 사회는 궁극적으로 (   ) 사람들이 이루어가는 것이다.
- 미래는 우리 스스로 어떻게 생각하고 (   ) 만들어 질 수
  있다.

4) 다시 듣고 [나]의 제목과 중요한 내용을 메모해 보십시오.

3. 들은 내용 필기하기

[가]와 [나]의 내용을 정리해서 노트에 필기를 해 보십시오.

강의 듣기 실제

제5과

언어의 이해

※ 다음의 표현을 다른 사람에게 그림, 음악, 언어로 전달할 때 어떻게 표현할까요?

공부를 열심히 해야 한다.

※ 다음은 강의와 관련된 교재의 일부 내용입니다. 읽고 질문에 답해 보십시오.

인간은 자신의 감정이나 생각을 표현하기 위해 노래를 부르기도 하고 그림을 그리기도 하고 한다. 그러나 인간이 자신의 감정이나 생각을 표현하기 위해 가장 일반적으로 사용하는 것은 언어이다. 다른 말로 언어는 효과적인 의사소통 도구라고 할 수 있다. 따라서 의사소통을 잘하기 위해서 언어의 특징에 대해 살펴볼 필요가 있다.

언어는 '의미(意味)'와 '형태(形態)'로 구성되어 있다. 앞에서 말한 것처럼 인간은 자신의 생각이나 감정을 다른 사람에게 전달하기 위해 언어를 사용한다. 이때 인간이 전달하고자 하는 내용을 '의미'라고 한다. 따라서 의미가 없는 것은 언어라고 할 수 없다. 이 의미는 크게 두 가지로 나뉜다. 하나는 '어휘적 의미'이고, 두 번째는 '문법적 기능'이다. 어휘적 의미라는 것은 어떤 단어를 생각할 때 떠오르는 실질적인 정보이다. 간단히 생각해 '밥'이라는 단어를 생각할 때 떠오르는 이미지 정도라고 할 수 있다. 그런데 언어에는 실질적인 의미가 있는 것들도 있지만 문법적인 기능을 가지고 있는 것들도 있다. 예를 들면 주격 조사 '이/가'와 같은 경우에는 실질적인 의미가 무엇인지 말하기 어렵다. 조사 '이/가'는 그것이 결합한 단어가 그 문장에서 주어 역할을 한다는 것만 표시해 준다. 이것을 '문법적 기능'이라고 한다.

인간이 표현하고자 하는 의미는 일정한 형식으로 표현되는데, 이것을 '형태'라고 한다. 이 형태는 의미를 소리로 전달할 것인가 아니면 문자로 전달할 것인가에 따라 구분되는데, 전자를 '음성적 형태'라고 하고 후자를 '문자적 형태'라고 한다. 음성적 형태와 문자적 형태는 상당히 비슷해 보이지만 완전히 일치하는 것은 아니다. 가령 '밥을 먹는다.'라는 문장은 실제로 [바블 멍는다]라는 음성으로 실현된다. 다시 말해 같은 의미를 나타냄에도 불구하고 실현 형태가 다를 수 있다.

언어는 실현 환경에 따라 음성적 형태로 실현되기도 하고 문자적 형태로 실현되기도 한다. 음성적 형태로 실현되는 언어를 '구어'라고 하고 문자적 형태로 실현되는 언어를 '문어'라고 한다. 언어를 사용한 의사소통은 둘 이상의 구성원이 필요한 상호작용이다. 구어에서는 화자와 청자가 필요하고, 문어에서는 필자와 독자가 필요하다.

1. 언어를 구성하는 두 가지 요소는 무엇인가?

2. 언어는 실현 조건 또는 환경에 따라 어떻게 분류할 수 있는가?

3. 다음의 개념들을 정의하십시오.

1) 어휘적 의미 / 문법적 기능

2) 구어 / 문어

3) 화사 / 청사

1. 준비하기

1) 무엇에 대한 강의입니까?

2) 강의에서 중요하다고 생각되는 단어나 표현을 메모해 보십시오.

2. 내용 파악하기

강의를 들으면서 (   )에 알맞은 단어나 표현을 적어 보십시오.

- 인간의 의사소통에는 (   )하다.
- 그림, 음악, 제스처 등은 (   )에 한계가
  있다.
- 구체적인 것들은 (   )을 통해 전달할 수 있다.
- 추상적인 개념은 그림이나 음악 등을 통해 표현하기가 쉽지 않다.
  (   )이 많다.
- 의사소통을 잘하기 위해서는 언어에 대한 특성, (   )을 이해
  해야 한다.

2. 들은 내용 필기하기

다음은 강의를 듣고 필기한 내용입니다. 강의 내용이 모두 정리되어 있습니까? 강의 내용 중 빠진 부분이 있는지 확인해 보고 빠진 내용을 필기 내용에 더 추가해 보십시오.

제목: _____ (p. 40 ~ 80.)   2017. ○. ○.

언어가 왜 필요한가? _____

의사소통 방식으로 그림, 음악, 제스처 등도 있지만 인간의 의사소통 수단 ✕

그림, 음악, 제스처 등은 언어와 어떻게 다른가?

_____

_____ 기 위해 _____ 에 대해 살펴볼 필요가 있음.

- 언어의 _____ /언어의 _____ /언어의 _____

강의 듣기 2

5-2 5-2

1. 준비하기

1) 무엇에 대한 강의입니까?

2) 강의에서 중요하다고 생각되는 단어나 표현을 메모해 보십시오.

2. 내용 파악하기

1) 강의를 들으면서 (   )에 알맞은 단어나 표현을 적어 보십시오.

- 언어를 실현할 때, (   )로 상대방에게 내 정보나 감정
  이나 생각을 전달하거나 (   )로 다른 사람에게 내 정
  보나 감정이나 생각을 전달할 때 조건이 필요하다.
- 구어는 (   )로 전달되고, 문어는 (   )로
  전달된다.
- 독백으로 얘기하는 경우, (   )이 말한 것을 다시 듣는다.
- 말을 내뱉는 순간 (   )가 존재하고, (   ) 누
  군가는 들을 수 있다.
- 일기의 필자와 독자는 (   )이다.
- 언어적 실현 조건 또는 환경 속에서 (   )와 (   ),
  (   )와 (   )가 존재한다.
- 구어 상황에서는 (   )와 (   )가 존재하고 문어
  상황에서는 (   )와 (   )가 존재한다.

2) 각 단락을 듣고 제목과 중요한 내용을 메모해 보십시오.

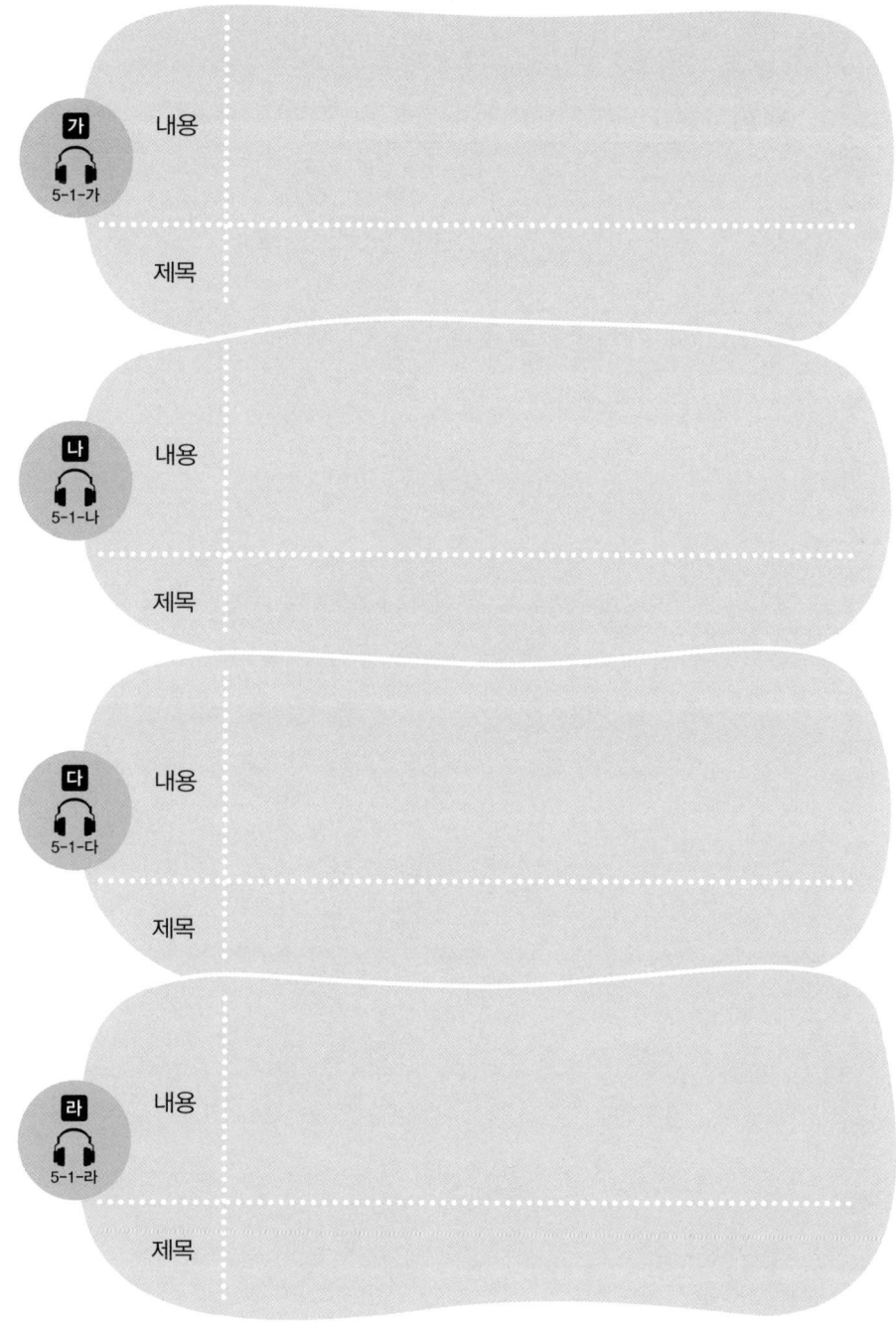

3. 들은 내용 필기하기

들은 내용을 정리해서 노트 필기를 해 보십시오.

제목: _____   날짜:

※ 강의 내용을 바탕으로 각 슬라이드의 제목에 따라 내용을 구성하고 발표문을 작성해 보십시오.

의사소통의 방법 – 언어	
	_____

의사소통의 방법 – 언어

언어의 구성 요소 – 의미와 형태

언어의 실현 환경 – 구어와 문어

제6과

유비쿼터스 컴퓨팅

듣기 전 활동

※ 다음은 교수가 수업 전에 올린 학습 자료의 일부입니다. 제시된 화면을 보고 강의 내용을 추측해 보십시오.

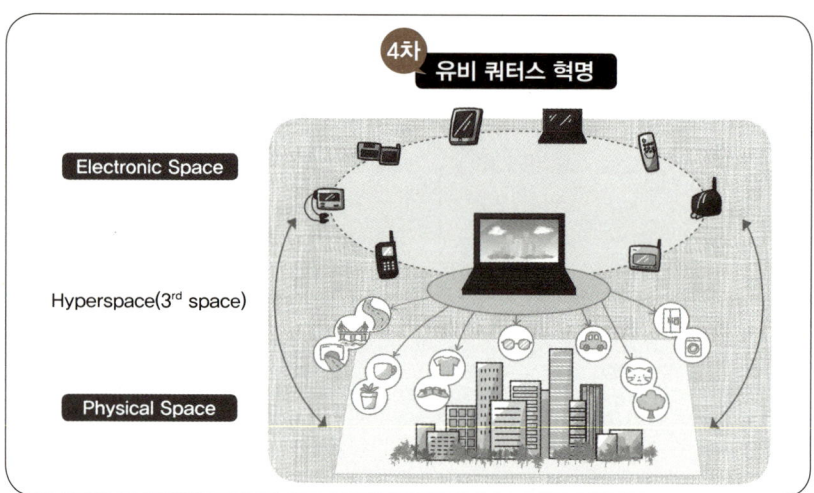

※ 다음 글을 읽고 질문에 답하십시오.

유비쿼터스 시대에는 인간이 사용하는 물건에 컴퓨터가 들어가 있어서 컴퓨터가 인간에게 편리하고 즉각적인 도움을 줄 수 있게 되었다.

유비쿼터스는 그리스어에서 나온 단어로서 영어로 'present everywhere', '어디에나 존재한다'라는 뜻이다. 그 단어의 어원이 그렇기 때문에 유비쿼터스 컴퓨팅이라고 하는 것은 컴퓨터를 기반으로 하는 서비스가 어디서나 가능하다는 뜻을 포함하고 있으며 간략하게 유비컴(UbiComp)이라고 부르고 있다. 이러한 유비쿼터스 컴퓨팅은 컴퓨팅 디바이스나 그런 장치들이 많은 곳에 스며들어가 있는 컴퓨팅이라고 해서 퍼베이시브 컴퓨팅(pervasive computing)이라고 부르기도 하고 인간으로 하여금 움직이면서 편리하게 컴퓨팅을 할 수 있는 기술이라고 해서 노매딕 컴퓨팅(nomadic computer)이라고 부르기도 한다. 퍼베이시브 컴퓨팅(pervasive computing)에서 '퍼베이스(pervase)'는 어떤 것들이 다른 것에 '녹아들어가 있는', '스며들어가 있는'을 뜻한다. 노매딕 컴퓨팅(nomadic computing)에서 '노매딕(nomadic)'은 한곳에 가만히 있는 것이 아니라 '움직이면서 여러 군데 왔다 갔다 하면서 할 수 있는'과 같은 뜻을 가지고 있다.

이러한 유비쿼터스 컴퓨팅 기술은 인간의 직관적인 사용을 지원한다. 우리가 컴퓨터를 사용하려고 할 때 컴퓨터의 전원을 켜고 키보드를 누르고 원하는 작업을 컴퓨터에 일일이 지시를 해야 원하는 작업을 수행할 수 있다. 그런데 유비쿼터스 컴퓨팅 시대에는 사용자가 컴퓨터에 어떠한 명령을 내리고 작업을 지시하지 않아도 컴퓨터가 스스로 알아서 사용을 할 수 있도록 도와주는 스마트하고 지능적인 컴퓨팅, 보조 컴퓨팅 역할을 한다. 또한 이러한 유비쿼터스 컴퓨팅을 사용할 때는 서비스를 제공하는 장치가 우리에게 보이지 않는다. 컴퓨터와 관련 장치가 인간의 현재 위치라든지 인간의 행동을 느끼고 판별을 해서 사용자에게 어떠한 작업이 가장 좋을지 미리 예측하고 또 그것을 판단함으로써 사용자에게 아주 편리한 기능을 제공해 주는 역할을 한다. 앞으로 유비쿼터스의 기술, 유비쿼터스 컴퓨팅 기술은 우리의 삶에 계속 영향을 끼치고 도움을 주면서 지속적으로 발전할 것이다.

1. 유비쿼터스와 유비쿼터스 컴퓨팅의 의미를 설명해 보십시오.

2. 유비쿼터스 컴퓨팅 기술의 특징을 기술해 보십시오.

3. 다음의 용어들은 유비쿼터스 컴퓨팅의 다른 이름들입니다. 의미를 설명해 보십시오.

유비컴 (Ubicomp)	퍼베이시브 컴퓨팅 (Pervasive computing)	노매딕 컴퓨팅 (Nomadic computing)

강의 듣기 1

1. 준비하기

1) 무엇에 대한 강의입니까?

2) 강의에서 중요하다고 생각되는 단어나 표현을 메모해 보십시오.

2. 내용 파악하기

강의를 들으면서 (   )에 알맞은 단어나 표현을 적어 보십시오.

- 유비쿼터스의 어원은 (   )는 의미이다.
- 유비쿼터스 컴퓨팅은 (   )을 말한다.
- 유비쿼터스는 (   )가 어디서나 가능하다는 뜻을 포함하고 있다.

3. 들은 내용 필기하기

다음은 강의를 듣고 필기한 내용입니다. 강의 내용이 모두 정리되어 있습니까? 강의 내용 중 빠진 부분이 있는지 확인해 보고 빠진 내용을 필기 내용에 더 추가해 보십시오.

제목: _____ (○~○p.)   2017. ○. ○.

1. 유비쿼터스란?

_____ 그리스어에서 유래

(present everywhere)

2. 유비쿼터스 컴퓨팅: _____

   = 유비컴(UbiComp)

3. 컴퓨팅에 대해서 _____ 제공

4. _____ 어디서나 가능함

1. 준비하기

1) 무엇에 대한 강의입니까?

2) 강의에서 중요하다고 생각되는 단어나 표현을 메모해 보십시오.

2. 내용 파악하기

1) 강의를 들으면서 (   )에 알맞은 단어나 표현을 적어 보십시오.

- 유비쿼터스 컴퓨팅에서는 컴퓨터가 스스로 알아서 (   )을
  지원한다.
- 컴퓨터가 상황을 미리 알아서 지원을 해 주는 (   )하고 (   )
  역할을 한다.
- 유비쿼터스 컴퓨팅을 사용할 때는 사용자에게 (   )나 (   )가
  보이지 않는다.
- 유비쿼터스 컴퓨팅에서는 그러한 장치나 컴퓨터를 (   )
  필요가 없다.
- '퍼베이시브(pervasive)'란 다른 것에 (   ), (   )의미
  를 갖고 있다.
- 노매딕 컴퓨팅(nomadic computing)이란 (   ) 아니라 (   )
  할 수 있는 컴퓨팅 기술이다.

2) 각 단락을 듣고 제목과 중요한 내용을 메모해 보십시오.

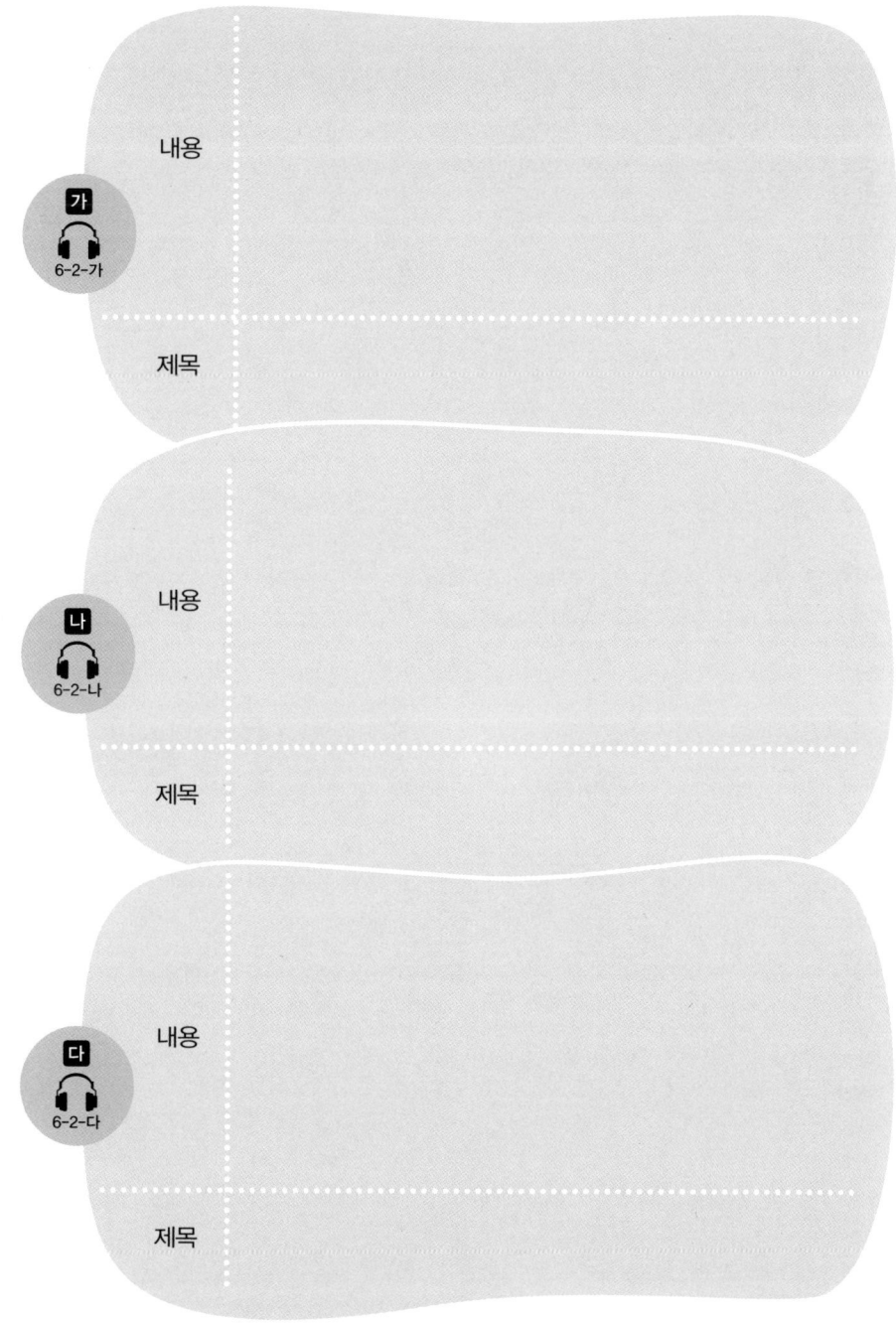

가
6-2-가
내용

제목

나
6-2-나
내용

제목

다
6-2-다
내용

제목

3. 들은 내용 필기하기

들은 내용을 정리해서 노트 필기를 해 보십시오.

제목: _____   날짜:

※ 강의 내용을 바탕으로 다음 질문의 답안을 작성해 보십시오.

20   학년도 제   학기 | **시험답안지**

과목명		담당교수명	

대학 학부(과) 학년	학번 번	성 명		검 인	

유비쿼터스 컴퓨팅의 의미를 정의하고 유비쿼터스 컴퓨팅 기술의 특징을 기술하십시오.	성적

_____

_____

_____

_____

_____

_____

_____

_____

_____

_____

제7과

사회심리학 입문

듣기 전 활동

※ 다음 그림을 보고 질문에 답하십시오.

1. 왼쪽 선분과 같은 길이의 선분은 A, B, C 중에서 어느 것일까요?

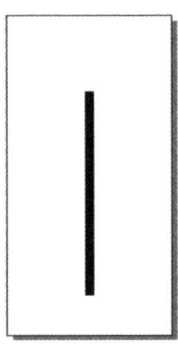 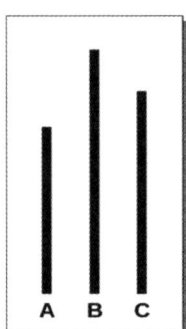

2. 다음과 같은 상황에서 왜 그렇게 말했는지 이유를 추측해 보십시오.

[상황]

　10명의 집단 구성원이 있는데 구성원 모두가 틀린 답을 말했다. 다섯 번째 구성원과 열 번째 구성원은 정답을 말하고 싶었지만 집단 구성원 대부분이 틀린 것을 답했기 때문에 자신들도 틀린 답을 말했다.

※ 다음을 읽고 질문에 답해 보십시오.

우리는 자신의 소신과 맞지 않는 상황에서도 맞지 않는 사람의 의견에 동조를 할 때가 있다. 사람들은 어떤 때에 동조를 할까? 다음은 사람들이 어떤 상황에서 동조를 많이 하게 되는지 알아보는 실험이다.

먼저, 실험 참여자들에게 하나의 선분이 그려져 있는 카드를 보여준 후, 길이가 다른 선분 A, B, C 세 개가 그려진 또 다른 카드를 제시하였다. 그리고 왼쪽 선분과 같은 길이의 선분이 A, B, C 중 어느 것인지 찾으라고 하였다(그림 참조). 한 팀의 실험 참여자들은 총 8명이었는데, 피험자 한 명을 제외한 나머지는 실험 보조자들이었다. 이들은 돌아가면서 답을 말하였는데 피험자는 반드시 마지막에 대답을 하도록 설정하였다.

이 문제는 정답률이 100%에 가까운 아주 쉬운 문제이다. 그래서 피험자가 타인이 없는 방에서 혼자 답을 말할 때는 이 문제의 정답률이 99%로 나타났다. 그러나 집단 실험에서 실험 보조자들이 틀린 답을 제시했을 때 그 결과는 다르게 나타났다. 피험자 중 75%가 적어도 1회 이상의 오답을 선택했다. 전혀 다른 사람의 의견에 동조하지 않았던 사람들, 항상 정답만 말했던 사람들은 25% 정도였다.

이후 어느 때 동조 가능성이 증가하는지를 실험했는데, 위와 같은 실험 상황에서 실험 보조자 7명이 모두 오답을 말하느냐 아니면 한 명 혹은 두 명이라고 정답을 말하느냐에 따라 결과가 달라졌다. 즉 실험 보조자 7명이 모두 오답을 말하는 경우 동조 가능성이 높았던 반면에 실험 보조자 중 한 명 혹은 두 명이라도 정답을 말하는 경우 동조 가능성이 크게 감소했다.

1. 이 실험의 목적은 무엇입니까?

2. '동조 현상(이론)'에 대해서 설명해 보십시오.

1. 준비하기

1) 무엇에 대한 강의입니까?

2) 강의에서 중요하다고 생각되는 단어나 표현을 메모해 보십시오.

2. 내용 파악하기

강의를 들으면서 (   )에 알맞은 단어나 표현을 적어 보십시오.

- 사회심리학(Social Psychology)은 (   )에서의 개인의 사고, 생각, 감정, 기분, 행동을 (   ) 심리학의 한 분야이다.
- 사회적 상황이란 개인이 (   )를 말한다. 즉 다른 사람들과의 (   ) 상황이다.
- 개인의 감정, 의견, 행동 등이 (   ) 사회적 영향이 일어난다.
- 우리 각자는 다른 사람에게 (   )고, 다른 사람은 다시 우리 개인에게 (   ).
- 사회적 영향의 대표적인 예로 (   )와 (   )이 있다.

2. 들은 내용 필기하기

다음은 강의를 듣고 필기한 내용입니다. 강의 내용이 모두 정리되어 있습니까? 강의 내용 중 빠진 부분이 있는지 확인해 보고 빠진 내용을 필기 내용에 더 추가해 보십시오.

제목: _____ (p. 15 ~ 16.)　　　2017. ○. ○.

1. 사회 심리학(Social Psychology)

   _____ 에서 개인의 _____, _____, 연구

   사회적 상황이란? 다른 사람들과의 _____

2. 사회적 영향(Social influence)

   1) _____ 의 감정, 의견, 행동 등이 _____ 을 받을 때

   2) 개인은 _____ 에게 _____ 을 주고

   _____ 은 개인에게 영향을 _____

   예) _____ 와 _____

1. 준비하기

1) 무엇에 대한 강의입니까?

2) 강의에서 중요하다고 생각되는 단어나 표현을 메모해 보십시오.

2. 내용 파악하기

1) 강의를 들으면서 (   )에 알맞은 단어나 표현을 적어 보십시오.

- 동조(conformity)는 사회적 영향으로써 소속 집단에 맞춰 (   )
  을 말한다.
- 주위 사람들의 행동이나 태도 등을 (   )을 카멜레온 효과
  (Chameleon effect)라고 한다.
- 개인은 (   )거나 답에 대해서 자신이 없거나 하는 상황일 때
  (   )이 현실 판단에 (   )가 된다고 생각한다.
- 속으로는 동조하지 않으면서 (   ) 다른 사람에게 인정받기
  위해서, 배척당하지 않기 위해서 (   )가 많다.
- 집단 속에서 한 명이라도 (   )를 보인다면 자신의 소신과
  맞는 이야기를 할 때 전체 다수에 (   )는 결과가
  있다.

2) 각 단락을 듣고 제목과 중요한 내용을 메모해 보십시오.

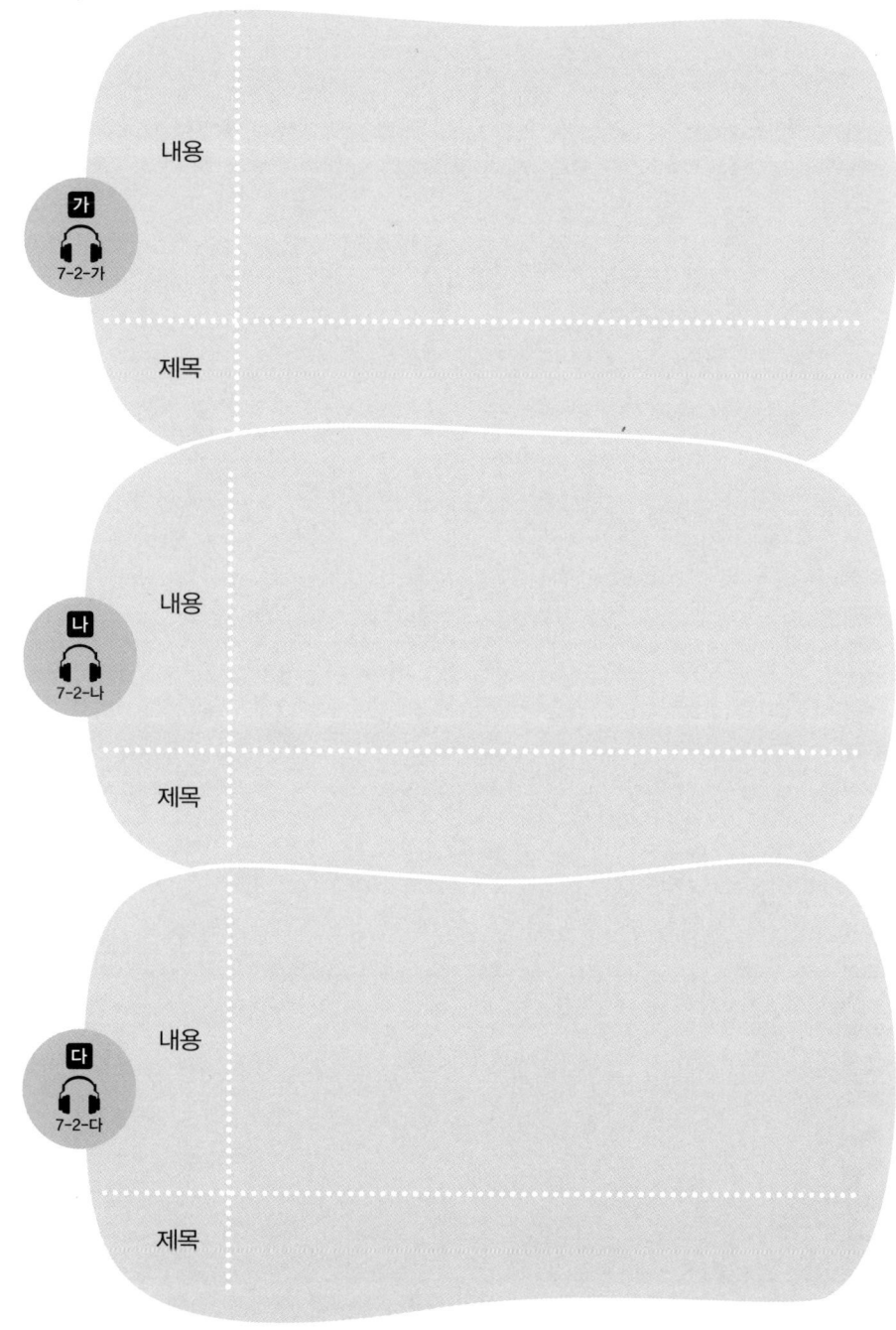

3. 들은 내용 필기하기

들은 내용을 정리해서 노트 필기를 해 보십시오.

제목: _____ 날짜:

※ 🎧 🖥️ 제공된 강의를 듣고 내용을 작성해 보십시오.
　 7-3　7-3

〈솔로몬 에쉬(Solomon Asch, 1951)의 동조 실험〉

1. 실험 참가자: _____

2. 공고된 실험 제목: _____

3. 과제: 주어진 선분이 하나 있고 선분이 세 개가 있다. 왼쪽 선분과 같은 길
　　　이의 선분이 A, B, C 중에 어느 것인지 말하라.

4. 실제 실험 진행 방법

　1) 참여 인원: 8명(_____ 1명 + _____ 7명)

　2) 피험자는 실험 보조자를 _____로 알고 있다.

　3) 실험 보조자 7명이 모두 _____을 말한다.

　4) 피험자는 _____에 대답한다.

5. 실험 결과

　1) 통제 집단: 다른 사람의 영향을 받지 않고 답을 말할 때

　　　정답을 말한 사람: 거의 _____% → 오답률 0%

　2) 실험 집단: 7명의 실험 보조자가 모두 틀린 답을 말했을 때

　　- 틀린 답을 1번 이상 말한 사람: _____% (그중 5%만 일관성 있게 틀린 답
　　　을 말함.)

　　- 항상 정답을 말한 사람: _____%

6. 사후 평가(Debriefing)

　1) 기만 실험임을 밝히고 원래 실험 목적을 공개함.

　　- 어떤 상황에서 _____는지, 사람들이 _____과
　　　다른 발언을 얼마나 많이 하는지에 대한 연구

　2) '왜 틀린 답을 따라했는가?'

　- 다른 사람의 답이 '정답'이라고 믿었다.(소수)

　- _____

　- _____

　- _____

제8과

국제 경영학의 이해

※ 다음은 강의 교재의 일부입니다. 교재 내용을 바탕으로 국제 경영학과 관련된 기본 용어(개념)의 의미를 정리해 보십시오.

국제 경영에서 다루고 있는 기업 집단은 일반적으로 국내 시장이 아닌 해외 시장에 나가서 비즈니스 활동을 하는 기업이다. 이 기업을 다국적 기업(多國籍企業, multinational corporation)이라고 하는데, 이들은 최소 두 개 이상의 국가에서 경영 활동을 수행한다.

일반적으로 어떤 기업이 해외 시장에 진출할 때 기업은 다른 시장에 일종의 거리감을 느끼게 된다. 이 거리감은 심리적 거리감과 물리적 거리감으로 나누어진다. 예를 들어 한국 기업이 해외 시장에 진출할 때 일본이나 중국은 물리적으로는 가깝다고 느끼지만 남미나 아프리카는 물리적으로 멀다고 느끼게 된다. 그런데 한국 기업의 대표가 남미 지역에 살았던 경험이 있어서 그 사회에 대해 친숙감이 높을 경우에는 이 지역이 물리적으로는 멀리 떨어져 있지만 심리적으로는 가깝다고 느끼게 된다. 즉 물리적 거리는 멀지만 심리적 거리는 가깝다고 느끼는 것이다. 그래서 일반적으로 기업이 해외 시장에 진출할 때 물리적 거리나 심리적 거리가 가깝다고 생각되는 곳을 선택하게 된다.

어떤 한국 기업이 물리적 거리가 가까운 일본 시장에 진출했다고 가정해 보자. 우선 한국 기업은 일본 시장에 자원을 투자하여 경영 활동을 하게 된다. 이를 자원 몰입이라고 한다. 이렇게 경영 활동을 하다 보면 일본 사회에 대한 지식을 쌓게 된다. 쉽게 말하면 한국 기업은 일본의 정치 경제 환경, 일본 사회가 오랜 세대 간 학

습을 통해서 공유하고 있는 문화, 그리고 일본 사람들이 통념적으로 믿고 따르고
지키려고 하는 사회 규범 등을 알게 된다. 그렇게 되면 한국 기업은 일본 시장에서
의 자원 몰입을 통해 지식이나 노하우가 있다고 판단을 하게 되고 이 지식을 바탕
으로 좀 더 먼 거리로 진출하게 된다.

1. **국제 경영**(International business)

2. **다국적 기업**(MNEs: multi-national enterprise)

3. **시장**(market)
   - 내수 시장(domestic markets)
   - 해외 시장(overseas markets)

4. **거리**(distance)
   - 물리적 거리
   - 심리적 거리

5. **자원 몰입**(commitment)

1. 준비하기

1) 무엇에 대한 강의입니까?

2) 강의에서 중요하다고 생각되는 단어나 표현을 메모해 보십시오.

2. 내용 파악하기

강의를 들으면서 (   )에 알맞은 단어나 표현을 적어 보십시오.

• 국제 경영에서 다루고 있는 기업 집단을 (   )이라고 부른다.

• 이 집단은 (   )에 나가서 (   )을 하는 기업들이다.

• 최소 (   )에서 (   ) 하는 기업들이다.

• 이러한 기업들은 국내 시장에 있을 때와 달리 새로운 (   ) 하게 된다.

• 기업의 활동이 (   ) 환경에 따라 달라질 수 있다.

• 어떤 사회가 오랜 세대 간 학습을 통해서 (   )이 있다.

• 어떤 사회든지 고유하게 형성하고 있는 (   )가 있는데 이것은 (   ) 다르게 나타날 수 있다.

2. 들은 내용 필기하기

다음은 강의를 듣고 필기한 내용입니다. 강의 내용이 모두 정리되어 있습니까? 강의 내용 중 빠진 부분이 있는지 확인해 보고 빠진 내용을 필기 내용에 더 추가해 보십시오.

제목: _____ (p. 10 ~ 25.)　　　2017. ○. ○.

1. _____ (MNES)
   - _____의 한 분야, 주요한 소재
   - 활동에 영향을 주는 요인 고려 → _____
   - 해외에서 _____ 기업들
   - 사전적 정의? _____ 기업

2. _____ 직면하는 환경
   - 진출국의 _____, _____
   - _____
   - _____
   : 지역별, 국가별로 다르게 나타남. 빠른 적응 필요

강의 듣기 2

8-2　8-2

1. 준비하기

1) 무엇에 대한 강의입니까?

2) 강의에서 중요하다고 생각되는 단어나 표현을 메모해 보십시오.

2. 내용 파악하기

1) 강의를 들으면서 (   )에 알맞은 단어나 표현을 적어 보십시오.

- 다국적 기업이 해외 시장에 진출하는 방식은 (   )로
  보는 이론이 가장 유력하다.
- 기업이 해외 시장에 진출할 때 느끼는 거리감에는 (   ) 와
  (   ) 두 가지가 있다.
- 기업이 어떤 지역에 진출할 때 그 사회에 대해서 친숙감이 느껴지는 것
  을 (   )거리가 가깝다고 한다. 이것은 (   )거리
  와는 상관이 없다.
- 기업 입장에서 낯선 환경에 익숙해지는 동안 (   )을
  해야 하는데 (   )과 (   )이 모두 들어간다.
- 기업은 (   )되면 그 국가에 대한 (   )이
  많다고 판단한다.
- 기업은 해당 국가에 진출하게 되면 (   )을 (   )
  에 (   ). 다시 말하면 (   )하는 것이다.
- 기업은 (   )을 통해서 현지(local) 마켓에서 비즈니스
  활동을 이어간다.
- 기업은 비즈니스 활동을 이어간 시간만큼 경험이 쌓이고 (   )면
  노하우가 된다. 그리고 (   )면 (   ).

2) 각 단락을 듣고 제목과 중요한 내용을 메모해 보십시오.

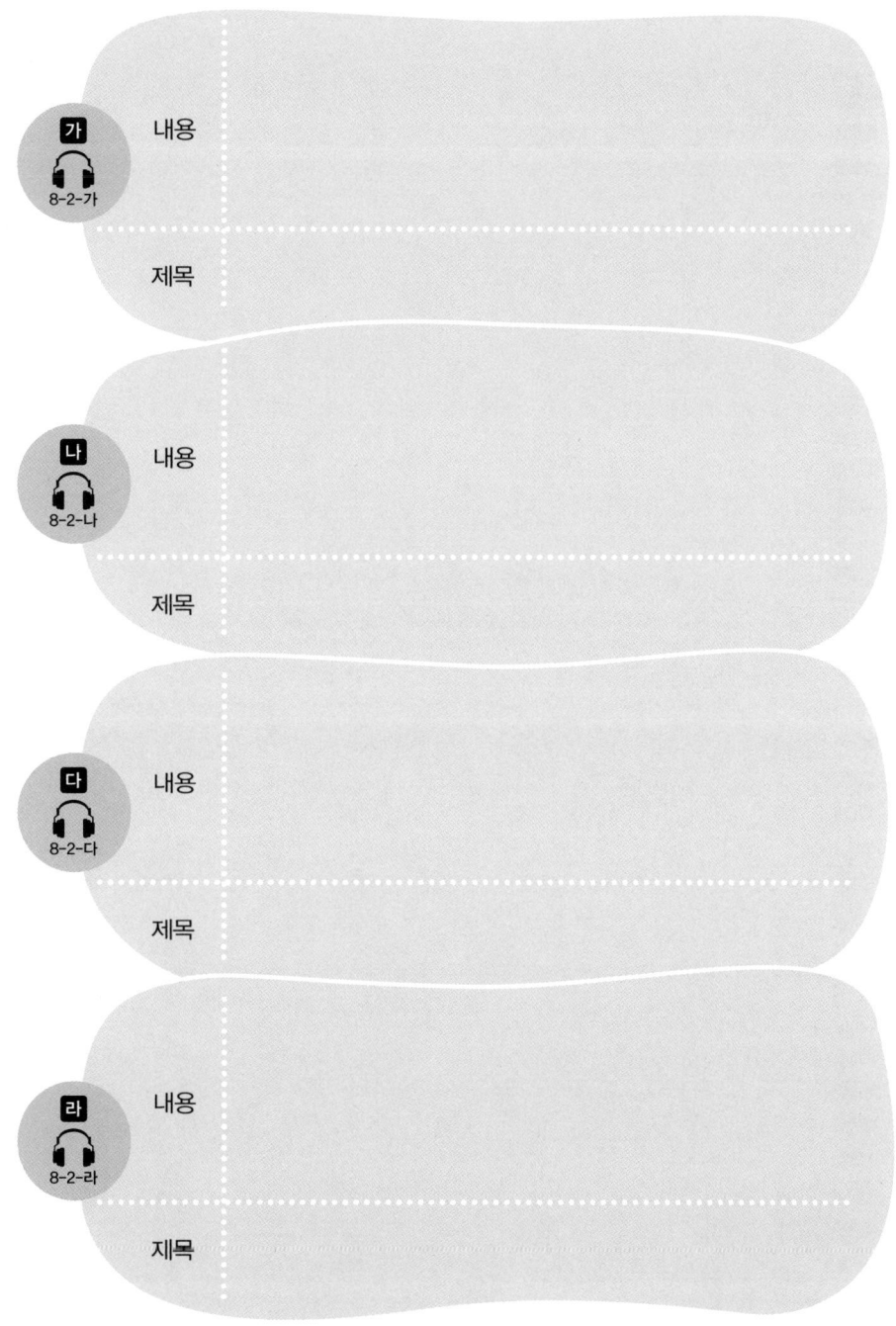

3. 들은 내용 필기하기

들은 내용을 정리해서 노트 필기를 해 보십시오.

제목: _____   날짜:

※ 강의 내용을 바탕으로 다음 그림을 설명해 보십시오.

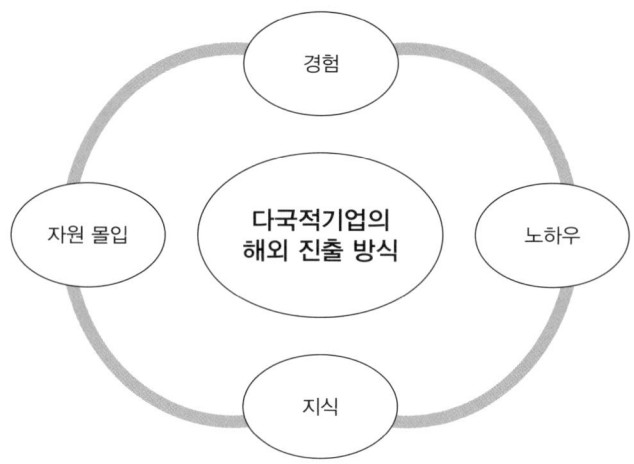

제9과

사회학 개론

※ 다음은 강의 교재의 일부입니다. 교재 내용을 바탕으로 사회학에 대한 기본 용어의 개념을 정의해 보십시오.

사회학의 기본적인 관심은 산업혁명을 거치면서부터 학술적으로 등장을 하게 된다. 사회학은 '자기 이익을 추구하는 존재인 인간이 어떻게 해서 그 집단과 사회라고 하는 공동체 생활을 할 수 있는가'라는 홉스(Hobbes)의 문제 인식에서 출발하였다. 산업사회의 등장과 함께 많은 사회 철학자들이 그 질서의 본질이 어디에서 오는지에 대해서 본격적으로 연구를 하게 된 것이 바로 사회학이 하나의 독립된 학문으로 발전하게 되는 배경이 되었다.

사회 질서(social oder)의 본질에 대한 시각은 크게 두 가지로 나눌 수 있다. 미시적인 측면에서 그 개개인의 행위, 상호작용, 이런 측면에서 설명하는 학파들과 정치 체계, 경제 질서 등 대규모 사회 구조라고 하는 거시적인 사회 틀을 가지고서 사회 질서의 본질을 설명하려는 학파가 그것이다. 그런데 어떤 인간 사회나 그 나름대로의 사회의 질서가 형성이 되어 유지되고 있지만 이러한 사회 질서는 변화하기 마련이다. 10년 전 사회 모습과 질서, 50년 전 사회의 모습과 질서, 지금 현대 사회의 모습과 질서는 다르다. 이를 사회 변동이라고 한다.

인간은 기본적으로 사회적 존재이다. 그렇기 때문에 각 개인은 무의미한 동작이 아닌 자신의 행동에 나름대로 의미를 담아 동작을 드러낸다. 이것을 '사회적 행위'라고 부르는데 각각의 사회적 행위는 나름대로 의미가 있는 것이며, 다른 사람들과 행위를 주고받는 상호작용이다. 그런 맥락에서 행위를 주고받는 당사자들이 서로의 행위에 담긴 의미를 제대로 해석할 수 있으면 아무런 문제가 없는 상호작용이 이루어지며 그것이 사회 질서가 유지되는 기본적인 바탕이 된다.

이와 같이 다양한 사회적 관계를 맺고 있는 사람들 간에 이루어지는 상호작용이 그때그때 다른 형태로 상호작용이 이루어지기보다는 오랜 시간에 걸쳐 누적되어 일정한 패턴(pattern)을 갖추게 된다. 이러한 패턴이 사회 전반에 확산되어 있는 양상을 사회학에서는 '사회 구조(social structure)'라고 한다. 결론적으로 그렇게 형성된 사회 구조는 다시 개개인의 사회적 행위에 영향을 미치면서 상호 영향을 주고받는 관계가 된다.

1. 사회 질서(social order)

2. 사회 변동(social change)

3. 사회적 행위(social action)

4. 상호작용(interaction)

5. 사회적 관계(social relation)

6. 사회구조(social structure)

1. 준비하기

1) 무엇에 대한 강의입니까?

2) 강의에서 중요하다고 생각되는 단어나 표현을 메모해 보십시오.

2. 내용 파악하기

강의를 들으면서 (   )에 알맞은 단어나 표현을 적어 보십시오.

- 인간은 각자 (   ) 존재이다.
- 다수가 모여서 질서 있는 (   ) 한다.
- 사회학자들은 (   )에 관심을 가진다.
- 사회 질서의 본질에 대해서는 (   ) 그 개개인의 행위, 상호작용, 이런 측면에서 설명하는 학파들도 있고 사회 구조라고 하는 (   ) 설명하려고 하는 학파들도 있다.
- 사회의 질서가 (   ) 있지만 그런 사회의 질서는 변화한다.
- 사회의 질서는 (   ) 마련이다.

3. 들은 내용 필기하기

다음은 강의를 듣고 필기한 내용입니다. 강의 내용이 모두 정리되어 있습니까? 강의 내용 중 빠진 부분이 있는지 확인해 보고 빠진 내용을 필기 내용에 더 추가해 보십시오.

제목: _____를 보는 관점(p. 121 ~ 125.)　　　2017. ○. ○.

※ 사회학: 홉스의 ○○ ○○에서 출발
　　└→ '인간은 자기 이익을 추구하는 존재인데 어떻게 다수가 모여서
　　_____?'

1. 사회학자들의 핵심적인 관심
　- 사회 질서(social _____)가 어디에서 오느냐?
　- _____?

2. 사회 질서의 _____을 해석하는 관점
　1) _____ 측면: 개개인의 행위, 상호작용, 이런 측면에서
　　　　　　　　　　　설명
　2) _____ 측면: _____라는 사회 틀을 통해
　　　　　　　　　　　설명

3. 사회 질서: _____ → _____ → _____
　- 사회 질서의 지속적인 변동(변화) ⇒ _____(social change)

1. 준비하기

1) 무엇에 대한 강의입니까?

2) 강의에서 중요하다고 생각되는 단어나 표현을 메모해 보십시오.

2. 내용 파악하기

1) 강의를 들으면서 (   )에 알맞은 단어나 표현을 적어 보십시오.

- 사회학에서 인간은 (   )라고 본다.
- 개인은 나름대로 (   ) 그 사고의 바탕에서 (   )
  태도에 기반해서 (   ).
- 사회적 행위는 나름대로 (   ) 있다.
- 개인은 자신의 행위를 다른 사람과 (   ).
- 행위를 주고받는 당사자들이 문제가 없이 (   )이 이루어
  질 수 있다면 그것이 사회 질서가 (   ) 바탕이 된다.
- 상호작용을 주고받는 행위 당사자들은 나름대로 (   )
  사람들이다.
- 상호작용을 주고받을 때, 사회 전반적으로 (   ) 규칙
  적인 경향을 보인다.
- 사회 전반에 (   )을 사회 구조라고 한다.
- 개인들의 사회적 행위는 (   ) 궁극적으로 그것이
  반복된 유형을 거쳐서 (   ) 된다.

2) 각 단락을 듣고 제목과 중요한 내용을 메모해 보십시오.

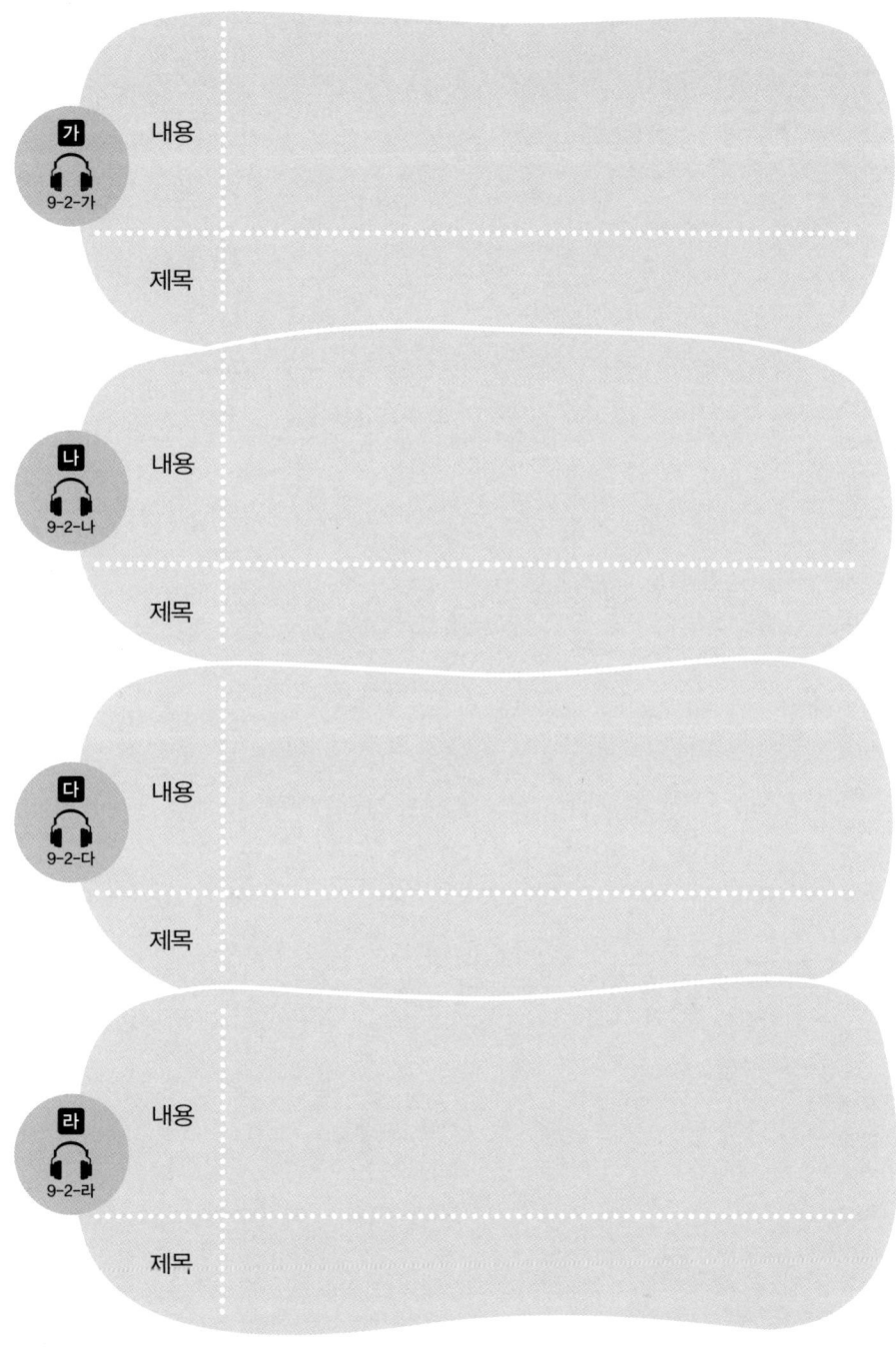

3. 들은 내용 필기하기

들은 내용을 정리해서 노트 필기를 해 보십시오.

제목: _____   날짜:

※ 강의 내용을 바탕으로 다음 질문의 답을 작성해 보십시오.

시험답안지

20 _____ 학년도 제 _____ 학기

과목명		담당교수명	

대학 학부(과) 학년	학번 번	성 명	검 인

사회학에서 사회 질서를 보는 두 가지 관점에 대해서 기술하십시오.	성적

제10과

영화의 이해

듣기 전 활동

※ 다음은 강의 자료의 일부입니다. 잘 읽고 질문에 답하십시오.

영화는 스크린 위에서 움직이는 영상과 음향으로 이루어진 예술이다. 스크린, 영상, 음향, 이 세 가지가 영화를 이야기할 때 가장 필요한 부분이다. 영화는 스크린이라는 것 때문에 기술성이라고 하는 성격이 부여가 되고, 영상과 음향이 결합되기 때문에 예술성, 예술로서의 가치도 가지게 되고, 모든 요소가 결합된 산업적인 요소까지 포함을 해서 대중성을 모두 가지게 된다. 스크린 위에 움직이는 영상과 음향으로 이루어진 예술인 영화는 기술성, 예술성, 대중성 이 세 가지의 성격을 가진다.

초기 영화는 비예술성과 예술성, 양면의 속성을 가지고 있었다. 초기 영화를 보면 어떤 가공한 이야기를 보여주는 것이 아니라 말 그대로 움직이기만 하는 영상의 모습이었다. 그래서 사람들이 "사진이 그냥 움직일 뿐인데, 이게 어떻게 예술이냐?"라는 지적이 있었고 기술적인 측면과 카메라의 재현적인 측면에서 비예술성이라는 성격이 부여되었다. 그 이후에 영화의 여러 가지 문법들이 만들어지고 많은 사람들에 의해 발전이 되면서 영화는 예술성도 갖추게 되었다.

영화를 지칭하는 용어는 여러 가지가 있다. 첫 번째, 필름(film)이다. 필름은 원래 영화를 제작하는 기본 도구라는 의미이다. 그 의미 그대로 필름이라는 용어는 영화 자체, 영화 자체의 미학, 완성도에 집중한다. 두 번째, 영화를 부르는 다른 이름으로 시네마가 있다. 시네마의 개념은 필름의 개념보다 더 확장된 의미라고 할 수 있는데, 시네마는 영화 자체를 지칭하는 것뿐만이 아니라 영화를 둘러싼 제도, 관객의 경험 등 영화를 둘러싼 훨씬 더 넓은 의미에서 모든 사항들을 포함하고 있다. 영화를 이르는 또 다른 용어로 무비(movie)가 있다. 무비는 영화의 오락성과 상업성이 강조된 개념이다. 최근에는 영화의 장르를 의미하는 용어로도 많이 사용되고 있다. 가령, 호러 무비, 액션 무비 등으로 지칭될 때 사용된다.

1. 영화란 무엇인지 정의해 보십시오.

2. 영화의 성격 세 가지를 기술해 보십시오.

3. '필름, 시네마, 무비'의 차이에 대해서 설명하십시오.

10-1 10-1

강의 듣기 1

1. 준비하기

1) 무엇에 대한 강의입니까?

2) 강의에서 중요하다고 생각되는 단어나 표현을 메모해 보십시오.

2. 내용 파악하기

강의를 들으면서 (   )에 알맞은 단어나 표현을 적어 보십시오.

- 필름은 (   ), 영화를 만드는 (   )에서 유래했다.
- 영화 자체의 (   ), (   )를 지칭한다.
- 필름은 영화만이 가지고 있는 (   ), (   )에 집중하는 이름이다.
- 시네마는 영화뿐만 아니라 영화와 영화를 둘러싼 (   ) 등 모든 것이 결합된 용어이다.
- 시네마는 영화를 둘러싼, 영화적인 (   ) 것이다.
- 무비는 (   )이 강조된 용어이다.
- 무비는 최근에는 (   )를 지칭하는 용어로 사용되고 있다.

2. 들은 내용 필기하기

다음은 강의를 듣고 필기한 내용입니다. 강의 내용이 모두 정리되어 있습니까? 강의 내용 중 빠진 부분이 있는지 확인해 보고 빠진 내용을 필기 내용에 더 추가해 보십시오.

제목: _____   2017. ○. ○.

1. _____
   - 영화를 제작하는, 영화를 만드는 _____ 유래
   - 영화 자체의 미학, _____ 를 지칭

2. _____
   - 영화 + 영화를 둘러싼 제도
   - 영화를 둘러싼 _____ 을 포함

3. _____
   - 영화의 상업성, _____ 이 강조된 용어
   - _____ 를 지칭하는 데 사용

1. 준비하기

1) 무엇에 대한 강의입니까?

2) 강의에서 중요하다고 생각되는 단어나 표현을 메모해 보십시오.

2. 내용 파악하기

1) 강의를 들으면서 (   )에 알맞은 단어나 표현을 적어 보십시오.

- 쇼트는 영화의 (   )이다.
- 쇼트는 카메라가 한 번 (   ), 이렇게 조작을 해서 기록되는 단위이다.
- 쇼트는 (   )를 가지고 있지 않고 장면으로 남는다.
- 신은 (   )으로 연속성을 가진다.
- 신은 (   )를 만들어내는 것은 아니지만 하나의 의미가 (   )을 가지고 있다.
- 신은 연속성을 가지며 (   )를 만드는 것이다.
- 시퀀스란 (   )을 모아 그 자체의 의미나 (   )를 만들어내는 것이다.
- 특정한 줄거리를 가진 영화는 (   ) 것이다.
- 여러 시퀀스가 겹쳐서 나열되어 있는 것이 (   )이다.

2) 각 단락을 듣고 제목과 중요한 내용을 메모해 보십시오.

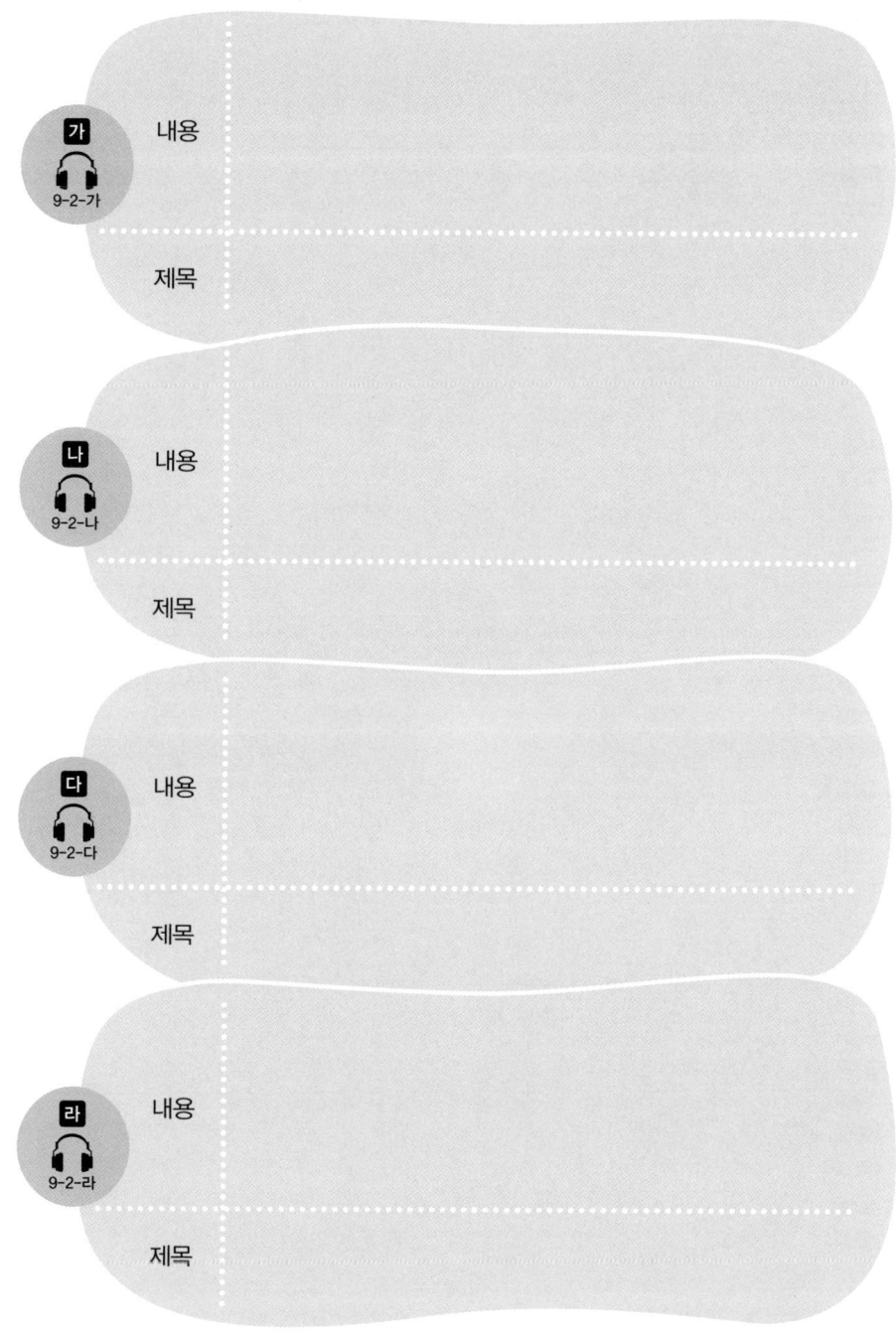

3. 들은 내용 필기하기

들은 내용을 정리해서 노트 필기를 해 보십시오.

제목: _____ 날짜:

※ 강의 내용을 바탕으로 각 슬라이드의 제목에 따라 내용을 구성하고 발표문을
작성해 보십시오.

영화의 명칭	

영화의 구성 요소	

대학 윤리

듣기 전 활동

※ 다음 중에서 '표절'이라고 생각하는 것에 ✓ 표 하십시오.

- ☐ 스스로 자료를 검토하고 조사하여 보고서의 내용을 작성했다.
- ☐ 기말 과제물로 제출할 논문을 논문 구매 사이트에서 구매했다.
- ☐ 다른 연구자의 학술 용어가 근사해서 내 논문에 그대로 사용했다.
- ☐ 지난 학기에 제출한 보고서를 올해 다른 과목의 보고서로 다시 제출했다.
- ☐ 보고서에 다른 사람의 글을 가져올 때 저자명, 책명, 출판사 등을 명시했다.
- ☐ 다른 사람의 글에서 일부 문장을 바꾸어서 내 논문의 일부분을 구성했다.

※ 다음은 다른 언어로 '표절'을 이르는 말입니다. 각 단어의 의미를 찾아 정리해 보십시오. 이들의 공통점은 무엇입니까?

1. **라틴어 plagiarius**

2. **한자어 剽竊**

→ 공통점:

※ 다음의 보고서들은 무엇이 문제일까요? 두 논문의 문제점을 이야기해 보십시오.

[가]	**[참고 자료]** 〈알키비아데스〉에서 기술과 앎은 어떤 관계인가? 문과대학 철학과 홍길동 플라톤은 대화편 〈알키비아데스〉에서 '너 자신을 알라(Gnothi Seauton)'라는 말을 끊임없이 강조한다. 사실 이 말은 플라톤뿐만 아니라 그의 스승인 소크라테스도 강조했던 말이다. 이 두 철학자에게 이 말이 그토록 중요했던 이유는, 이 말이 '인간의 자기 인식'이라는 주제를 표현하기 때문이다. '너 자신을 알라'는 왜 '인간의 자기 인식'이라는 주제를 표현하는 것인가? 이 말에서 '너'는 '인간'을 의미하기 때문이다. 다시 말해 '너 자신을 알라'는 대화자인 인간에게 자기 자신이 어떠한 존재인지를 알아야 한다는 인간의 인식의 필요성'을 강조하는 표현인 것이다. (중략) **[표절 사례]** 〈알키비아데스〉에서 기술과 앎은 어떤 관계인가? 인문과학계열 전우치 플라톤은 대화편 〈알키비아데스〉에서 '너 자신을 알라(Gnothi Seauton)'라는 말을 끊임없이 강조한다. 사실 이 말은 플라톤뿐만 아니라 그의 스승인 소크라테스도 강조했던 말이다. 이 두 철학자에게 이 말이 그토록 중요했던 이유는, 이 말이 '인간의 자기 인식'이라는 주제를 표현하기 때문이다. '너 자신을 알라'는 왜 '인간의 자기 인식'이라는 주제를 표현하는 것인가? 이 말에서 '너'는 '인간'을 의미하기 때문이다. 다시 말해 '너 자신을 알라'는 대화자인 인간에게 자기 자신이 어떠한 존재인지를 알아야 한다는 인간의 인식의 필요성'을 강조하는 표현인 것이다. (중략)
[나]	**[참고 자료]** 디오니소스 페스티벌이라는 고대의식은 오늘날 아주 인기 있는 다중 접속 온라인 게임(Massively Multiplayer Online Games: MMOGs)과 비슷한 점이 있다. 무엇보다도 이러한 현대의 게임 참가자들은 서로 다른 등장인물이 되어 다른 플레이어들과 상호 작용하고, 특별한 목적을 달성하기 위해 노력한다. 그러한 게임에서는 종종 삶과 죽음의 결과가 있는 장면이 나오기도 한다. (캐롤린 핸들러 밀러, 『디지털 미디어 스토리텔링』, 이연숙 외 옮김, 커뮤니케이션북스, 2006, 6쪽) **[표절 사례]** 원시 시대의 종교적 제의는 가장 오래된 놀이였다. 또한 놀이는 인류의 역사와 늘 함께 해 왔다. 현대의 온라인 게임 역시 디지털화되었을 뿐, 그 자체로 놀이이다. 이러한 의미에서 우리는 종교적 제의와 현대의 온라인 게임이 역사적 연관성을 갖는다고 볼 수 있다. 예를 들어 디오니소스 페스티벌이라는 고대의식은 오늘날 아주 인기 있는 다중 접속 온라인 게임과 비슷한 점이 있다. 무엇보다도 이러한 현대의 게임 참가자들은 서로 다른 등장인물이 되어 다른 플에이어들과 상호 작용하고, 특별한 목적을 달성하기 위해 노력한다. 그러한 게임에서는 종종 삶과 죽음의 결과가 있는 장면이 나오기도 한다.

1. 준비하기

1) 무엇에 대한 강의입니까?

2) 강의에서 중요하다고 생각되는 단어나 표현을 메모해 보십시오.

2. 내용 파악하기

강의를 들으면서 (   )에 알맞은 단어나 표현을 적어 보십시오.

- 라틴어 plagiarius는 (   ) 해적들 혹은 노예 도둑을 의미한다.
- 표절은 다른 사람의 (   )를 말한다.
- 표절은 타인의 아이디어, 연구 내용, 결과 등을 (   ) 사용하는 행위이다.
- 표절은 원저자로부터 사전에 허락을 받지 않거나 또는 (   ) 마치 자신의 것인 양 (   )를 말한다.

2. 들은 내용 필기하기

다음은 강의를 듣고 필기한 내용입니다. 강의 내용이 모두 정리되어 있습니까? 강의 내용 중 빠진 부분이 있는지 확인해 보고 빠진 내용을 필기 내용에 더 추가해 보십시오.

제목: _____   2017. ○. ○.

1. 어휘적 정의

   1) plagiarism - 라틴어 plagiarius에서 유래
                     └→ 아이들을 유괴하는 해적/노예 도둑

   ➔ _____

   2) 剽竊 - 竊: 훔치는 행위/절도

2. _____ 정의

   1) 하버드 대학: _____ 거짓말, 속임수, 도용의 방법을
   동원하여 _____ 정보, 아이디어, 말들을 자신의 것인 양
   행세하는 행위

   2) 국내 대학: 타인의 아이디어, 연구 내용, 결과 등을 _____
   사용하는 행위

   ➔ _____
   _____ 마치 자신의 것인 양 무단으로 베끼는 행위

1. 준비하기

1) 무엇에 대한 강의입니까?

2) 강의에서 중요하다고 생각되는 단어나 표현을 메모해 보십시오.

2. 내용 파악하기

1) 강의를 들으면서 (   )에 알맞은 단어나 표현을 적어 보십시오.

- 전면적 표절은 (   )하여 자신의 글인 것처럼 꾸미는 것이다.
- 부분적 표절은 인용 표시 없이 (   ) 글 전체가 자신의 것인 양 꾸미는 것이다.
- 전면적 표절은 극소수의 (   ) 저질러진다.
- 교묘한 방법으로 (   ) 때문에 비교적 (   )을 덜 느낀다.
- 제출자의 이름만을 제외하고 (   ) 모두 베긴다.
- 각주를 달아 정확한 서지 사항, 즉 (,   ,   ), 출판 연월일, 쪽수 등을 명시해 주어야 한다.
- 부분적 표절 사례의 하나인 (   ) 표절의 경우, 저자의 (   )을 (   ) 사용하고 있는 사례이다.

2) 각 단락을 듣고 제목과 중요한 내용을 메모해 보십시오.

3. 들은 내용 필기하기

들은 내용을 정리해서 노트 필기를 해 보십시오.

제목: _____   날짜:

듣기 후 활동

※ 강의 내용을 바탕으로 다음 질문의 답안을 작성해 보십시오.

20   학년도 제   학기   **시험답안지**

과목명		담당교수명	

대학 학부(과) 학년	학번 번	성명		검인	

표절을 정의하고 표절의 유형을 분류하여 기술해 보십시오.	성적

제12과

생명의 과학

듣기 전 활동

※ 다음은 그림에 대한 설명입니다.

빈칸에 들어갈 알맞은 말을 넣어 보십시오.

〈먹이 사슬(food chain)〉

　　생태계에 있는 생물들의 중요한 특징 중의 하나가 먹이사슬(food chain)이다. 예를 들면 연못에 둥둥 떠다니는 개구리밥이라고 하는 식물이 있다. 개구리밥은 다른 동물에게 영양분을 공급해 주기 때문에 (　　　　　　)라고 한다. 그 다음에 이 개구리밥을 먹는 개구리들이 존재한다. 이들을 (　　　　　　)라고 한다. 그 다음에 연못가 근처에 서식하는 뱀이 이 개구리들을 잡아먹을 수 있는데, 이들을 (　　　　　　)라고 한다. 여기에서 끝날 수도 있겠지만 독수리나 매 등이 하늘에서 날아와 뱀을 잡아먹을 수 있다. 이들은 (　　　　　　)가 된다.

마지막으로 (   )는 많은 생물들의 사체나 배설물을 잘게 부셔 다시 생산자의 양분으로 쓰이게 한다. 이와 같이 먹이 사슬의 연쇄가 끊임없이 순환적으로 이루어지게 된다. 먹이사슬의 구성원 중 하나라도 없으면 이 순환 과정이 제대로 돌아가지 않게 된다.

※ 다음 글을 읽고 질문에 대해 답해 보십시오.

아일랜드 대기근

1845년 아일랜드의 감자 흉년에 이어 1847년부터 1851년까지 아일랜드 사람들 다수가 기아로 사망한 사건을 가리킨다. 감자는 아일랜드에 보조 식량으로 들어왔지만, 차츰 보급이 확대되어 19세기 초에는 주식량으로 자리 잡게 되었다. 대기근 당시 300만 명 이상의 아일랜드 사람들이 식량을 감자에 의존하고 있었다. 감자 흉작의 원인은 감자병이었는데, 1845년 감자 생산은 50% 이상 감소했고, 1846년에는 경작지의 3/4에 달하는 감자밭이 황폐해졌다. 1847년 농사는 다소 회복되었으나 경작 면적이 줄어서 총수확량은 미미한 수준이었고, 1848년 감자 농사는 더욱 악화되었다.

– 〈역사용어사전〉 중에서

---

1. 1840년대 발생한 '아일랜드 대기근'과 생물의 다양성은 어떤 관계가 있을까요?

2. 지구상에 모든 종이 멸종하고 인간과 박테리아만 남게 된다면 어떻게 될까요?

3. 안정된 생태계를 유지하기 위해서는 생물의 다양성을 보존해야 합니다. 그 이유는 무엇일까요?

1. 준비하기

1) 무엇에 대한 강의입니까?

2) 강의에서 중요하다고 생각되는 단어나 표현을 메모해 보십시오.

2. 내용 파악하기

강의를 들으면서 (   )에 알맞은 단어나 표현을 적어 보십시오.

- 생태계(ecosystem)란 (   )과 (   ) 전체를 합친 것이라고 정의할 수 있다.
- 이런 생태계에서 중요한 특징 중의 하나가 (   )이다. 반드시 먹고 먹히는 과정이 생태계의 (   )이라는 것 이다.
- 생태계에는 세 종류의 중요한 (   )가 있는데, 먹고 살기 위한 영양분을 공급해주는 (   )가 있다. 그 다음에 이것을 먹는 (   )가 있다. 세 번째로는 (   )라는 것이 있다.
- 사체나 배설물을 분해시키는 대부분은 (   )이다.
- 그래서 (   )가 필요하고 그것을 먹는 (   )하고 (   )가 필요하다. 이것이 생태계(ecosystem)에서는 중요하게 (   ) 것이다.

2. 들은 내용 필기하기

다음은 강의를 듣고 필기한 내용입니다. 강의 내용이 모두 정리되어 있습니까? 강의 내용 중 빠진 부분이 있는지 확인해 보고 빠진 내용을 필기 내용에 더 추가해 보십시오.

제목: _____ (p. 115 ~ 230.)　　　2017. ○. ○.

1. 생태계(Ecosystem)란?
　　_____ 과 생물을 둘러싸고 있는 _____(바위, 온도, 바람 등) 전체를 합쳐서

2. 먹이사슬(food chain)
　- 먹이가 되고, 포식자가 되고, 먹히는 먹이가 되는 _____ 것이 일반적인 특징
　- 안 먹고 안 잡히는 것이 ✕
　- 먹고 먹히는 과정이 생태계의 _____

3. 생태계 _____
　1) _____ : _____ 기 위해 _____
　　예) 식물
　2) _____(consumer): _____를 먹음
　3) _____(decomposer): _____의 사체나 배설물을 잘게 부셔서 다시 _____ 예) 미생물들
　∴ 생산자 ⟷ 소비자 ⟷ 분해자가 필요함
　ecosystem에서 _____

1. 준비하기

1) 무엇에 대한 강의입니까?

2) 강의에서 중요하다고 생각되는 단어나 표현을 메모해 보십시오.

2. 내용 파악하기

1) 강의를 들으면서 (   )에 알맞은 단어나 표현을 적어 보십시오.

- 안정된 생태계가 유지되는 것과 맞물려 (   )이 중요하다.
- 생산자도 있어야 하고 소비자도 있어야 하고, 한 종류가 아니라 1차, 2차, 3차 소비자들이 있어서 그런 것들이 항상 (   ) 한다.
- 먹이사슬에서 설사 한두 개가 빠지더라도 새로운 것이 와서 (   ) 되고 (   ) 것이다.
- 마지막 50년 사이에 걸쳐서 (   )이 늘어나고 있다.
- 어떤 것이 멸종이 된다는 것은 긴 역사를 통해 (   )이 없어지는 것이다. 그로 인해 먹이사슬이 (   )고 (   ) 것이 된다.
- 결국 사람이 만들어 놓은 (   )이 (   )을 줄여 버리게 되면 그것의 피해는 (   ) 것이다.

2) 각 단락을 듣고 제목과 중요한 내용을 메모해 보십시오.

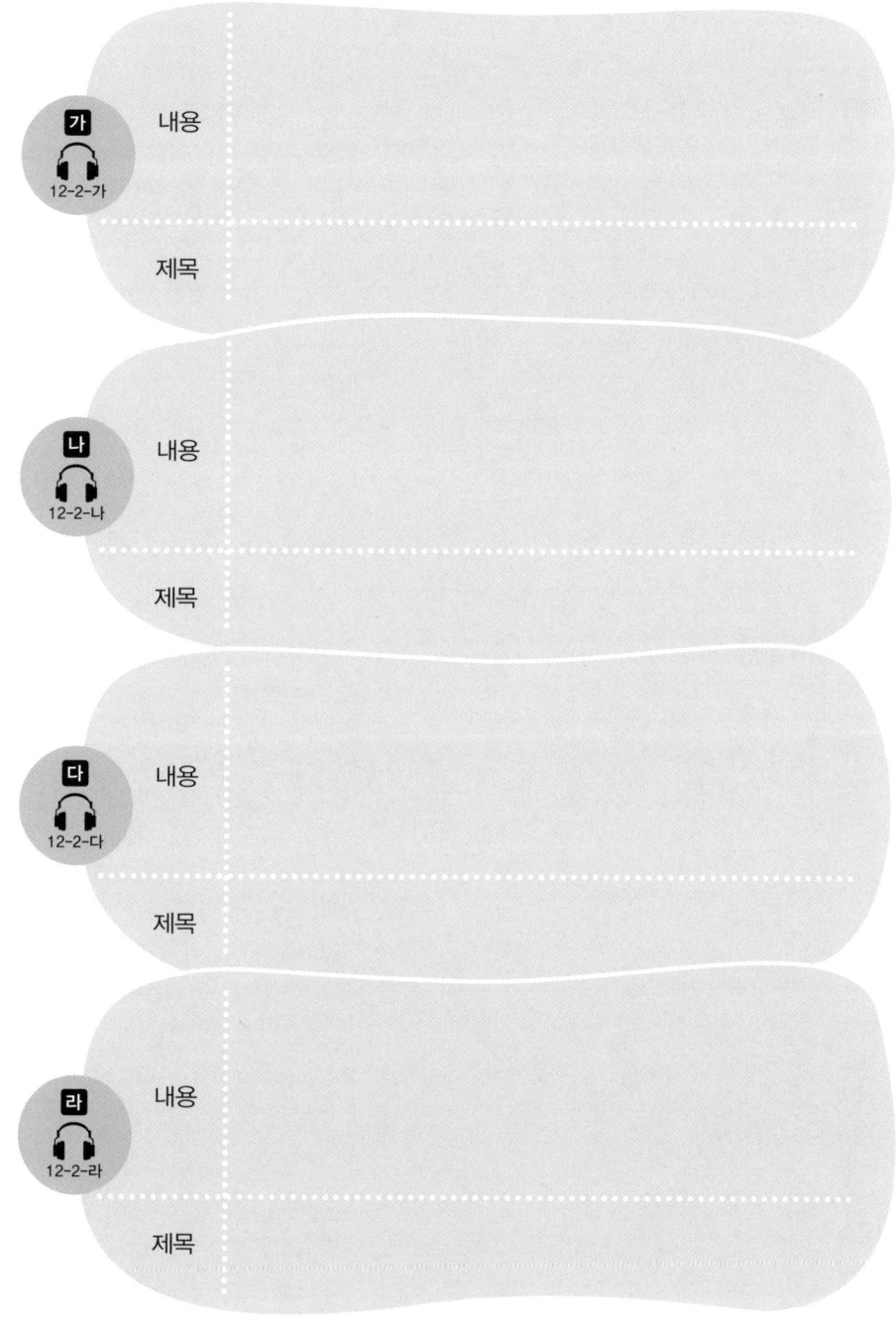

가
12-2-가
내용

제목

나
12-2-나
내용

제목

다
12-2-다
내용

제목

라
12-2-라
내용

제목

3. 들은 내용 필기하기

들은 내용을 정리해서 노트 필기를 해 보십시오.

제목: _____   날짜:

※ 강의 내용을 바탕으로 다음 질문의 답안을 작성해 보십시오.

시험답안지

20   학년도 제   학기

과목명		담당교수명	

대학 학부(과) 학년	학번 번	성명		검인	

생태계 파괴의 원인이 무엇인지 밝히고, 안정된 생태계를 유지하기 위해 어떻게 해야 하는지에 대한 자신의 의견을 제시해 보십시오.	성적

_____

부록

- 듣기 지문
- 모범 답안
- 강의 목록

제1과

1-1

친애하는 신입생 여러분, 우리 대학에 입학하신 것을 진심으로 축하합니다. 대학 4년 동안은 인생에서 최고의 자유를 누릴 수 있는 자기 성장기입니다. 하고 싶은 것이 무엇이든 몰입해 보고 꿈꾸고 도전해 보십시오. 이 자리를 빌려 우리 대학교에서 새로운 도전과 비상을 시작하는 신입생 여러분들에게 몇 가지를 당부하고자 합니다.

첫째로 꿈과 비전을 세우고 창조적으로 도전하시기 바랍니다. 꿈과 비전은 여러분들의 미래를 이끕니다. 스마트 사회를 이끌 창의력을 배양하면서 여러분들의 꿈과 목표를 향해 도전하십시오. 콜럼버스의 신대륙 발견은 분명 놀라운 역사적 발전이었습니다. 이것이 가능했던 것은 목표를 향해 닻을 올렸기 때문입니다. 여러분들의 모교도 미래 창의 기반 사회가 요구하는 창조적 도전 정신을 갖춘 인재를 배출하도록 교육 선진화를 적극적으로 추진하고 있습니다.

둘째로 미래 사회는 경제적으로 국경이 사라지는 글로벌화와 산업 기술의 경계가 허물어지는 융복합 시대로 특징지어질 수 있습니다. 글로벌화와 융복합 시대에 필요한 글로벌 능력을 갖추는 데에 힘써야 하겠습니다. 세계 인재들과 경쟁하여 성공할 수 있는 수학 능력과 외국의 다양한 문화 체험을 통해서 글로벌 시대를 이끌 리더십을 취득해야 할 것입니다. 이러한 글로벌 능력이 바로 미래 사회의 경쟁력임을 명심해야 할 것입니다.

셋째로 여러분이 미래의 인재로서의 인성과 통찰력, 그리고 통합 능력을 갈고 닦고 노력할 것을 당부합니다. 앞으로 택할 전공 공부 이외에 역사 의식, 인문학, 자연 과학 그리고 고전에 대한 폭넓은 학습을 소홀히 하지 말아야 할 것입니다. 우리 대학은 교육 혁신을 통하여 폭넓은 교양과 전문 지식, 세계 시민으로서의 교양과 자질, 그리고 리더십 함양에 역점을 두고 있습니다.

자랑스러운 신입생 여러분, 여러분들이 우리 대학교에서 세계를 향해 비상하는 여러분들의 꿈과 날개를 마음껏 펼치십시오. 다시 한 번 신입생 여러분들의 입학을 진심으로 축하하며 오늘의 자랑스러운 출발이 미래 우리 사회를 이끌 훌륭한 리더로서의 영광으로 이어지기를 기원합니다. 감사합니다.

여러분, 반갑습니다. 이번 학기 '언어학개론' 강의를 맡은 김정민입니다. 먼저 강의의 목표와 교재, 평가 방법 등에 대해 간단히 소개해 드리겠습니다.

이 수업에서는 언어의 일반적인 특성을 이해하고, 언어학의 기본 분야인 음성학, 음운론, 형태론, 통사론, 의미론 등을 전반적으로 살펴보도록 하겠습니다.

교재는 학생회관 지하 1층 교내 서점에서 구입하면 됩니다. 3주째부터 교재가 필요하니 반드시 준비하십시오.

성적은 중간고사 30점, 기말고사 30점, 과제 20점, 수업 태도 10점, 출석 10점, 이렇게 해서 100점 만점으로 평가하겠습니다. 과제는 저에게 직접 제출하는 것이 아니라 본 강좌의 과제방에 제출해야 합니다. 제출 기한을 꼭 지켜주시기 바랍니다.

수업 내용이 힘들거나 이해를 못하는 경우가 있을 것입니다. 그럴 경우 언제든 질문을 해주세요. 수업 이후에도 좋습니다. 질문하기 힘들다면 '과목 Q/A'에 올리거나 쪽지를 보내거나 메일을 주세요.

안녕하세요? 우리 대학에 입학하신 여러분, 진심으로 환영합니다. 학사 일정과 수강 신청 기간 및 신청 방법 그리고 장학금 제도에 대해서 안내해 드리겠습니다.

가 🎧 1-3-가 먼저 학사 일정을 간단히 소개해 드리겠습니다. 개강은 3월 2일입니다. 4월에 8주차에 1학기 중간고사를 치르게 되고요. 5월엔 학교 축제가 있습니다. 6월 16주차 기말고사가 끝난 후 하계 방학에 들어가게 됩니다.

나 🎧 1-3-나 수강 신청 기간은 2월 21일 화요일부터 23일 목요일까지이며 1학기 수강 신청 확인 및 변경은 매 학기 개강 일주일 이내 정해진 기간입니다. 이번 학기는 3월 2일 수

요일부터 8일 화요일까지입니다. 수강 신청 확인 및 변경 기간 이후 수강 변경은 불가능합니다. 수강을 포기하고 그에 따른 성적 취득을 포기하는 수강 철회 기간은 3월 20일부터 22일까지입니다. 수강 철회가 반영되었는지 3월 28일에 확인할 수 있습니다. 수강 철회 결정 시 신중해야 합니다. 중간고사 후, 기말 시험 전 기간에 강의 평가를 실시합니다. 강의 평가를 완료한 학생에 한해 성적 공시 기간에 성적 열람 및 이의 신청이 가능합니다.

다 🎧 1-3-다   그러면 수강 신청 요령을 알려 드리겠습니다. 학교 홈페이지에 접속하여 등록된 아이디와 패스워드를 입력하면 다음과 같은 화면을 보실 수 있습니다. 오른쪽에 있는 통합 정보를 클릭하십시오. 통합정보시스템은 자신의 학적, 수강 신청, 이수 학점 조회 및 성적 등을 열람할 수 있는 전자 시스템입니다. 여기에서 수강 신청을 하는데요. 먼저 수업 영역 메뉴를 누르고 교과목 조회를 클릭하면 개설 과목들이 나타납니다. 그러면 여러분이 수강 신청할 교과목을 선택하고 신청을 클릭하십시오. 이후 수강 신청 과목을 전부 선택하셨다면 반드시 수강 신청 완료 버튼을 클릭하여 수강 신청을 마무리해야 합니다. 학기당 최대 수강 가능 학점은 18학점입니다.

라 🎧 1-3-라   다음으로 장학금 제도에 관하여 살펴보겠습니다. 장학금은 크게 교내 장학금과 교외 장학금으로 나눌 수 있습니다. 학교에서 받을 수 있는 장학금으로는 성적이 우수한 학생에게 주는 성적 우수 장학금과 가정 형편이 어려운 학생에게 주는 특별 장학금이 있습니다. 교외 장학금은 해당 장학재단에 개별적으로 신청하는데 학교 홈페이지 공지사항을 수시로 확인하시기 바랍니다.

많은 얘기를 한꺼번에 들으시느라 좀 힘드셨지요? 오늘 내용은 새내기 대학 생활 안내서에 있으니 참고해 주시기 바랍니다.

──────────────── 제2과 ────────────────

과제 1

가 🎧 2-1-가   저는 영어를 어릴 때부터 가르칠 필요가 없다고 생각합니다. 요즘 3살도 되지 않은 아이들이 영어를 배우고 있습니다. 문제는 그 나이의 아이들은 외국어가 아니라 모국어를 배워야 할 때라고 생각합니다. 너무 어린 나이에 영어를 배우면 모국어를 배울 때 혼란스러울 수 있기 때문입니다.

나 🎧 2-1-나 　저는 수업 시간에 휴대전화 사용을 허용하면 안 된다는 주장에 동의합니다. 말씀하신 것처럼 수업 시간에 휴대전화 사용을 허용하면 수업에 집중을 하지 않는 학생이 나올 수밖에 없습니다. 특히 교사가 그것을 제재할 수 있는 현실적인 방법이 없다는 점도 문제입니다.

다 🎧 2-1-다 　저도 그 의견에 동의합니다. 특히 과도한 사교육은 학생들뿐만 아니라 학부모에게도 경제적인 부담을 주고 있습니다. 과도한 사교육비 지출로 인한 가계 부담은 증가하고 있고, 교육 기회의 불평등도 매우 심각한 수준입니다. 이러한 문제를 해결하기 위해 사교육을 제한할 필요가 있다고 생각합니다.

라 🎧 2-1-라 　저는 인터넷 실명제를 실시해야 한다고 생각합니다. 인터넷상에서는 자신이 누구인지 다른 사람에게 밝히지 않아도 되기 때문에 다른 사람에게 상처를 주는 댓글을 다는 사람들이 많은 것 같습니다. 이러한 댓글로 인해 사람들이 우울증에 걸리거나 자살을 하는 경우도 발생합니다.

마 🎧 2-1-마 　저는 에너지 부족 문제를 해결하기 위해 핵발전소 건설이 필요하다고 생각합니다. 물론 핵폐기물이 인간뿐만 아니라 자연계 전체에 심각한 피해를 줄 수 있다는 의견도 일리가 있기는 하지만 그 문제는 핵발전소에서 나오는 폐기물을 안전하게 관리한다면 해결될 수 있는 문제라고 생각합니다.

바 🎧 2-1-바 　저도 처음에는 김인수 씨의 의견처럼 정당방위라고 생각했습니다. 그런데 누군가 나에게 무작정 폭력을 휘둘러서 두어 대 맞았다고 제가 그 사람을 죽일 권리가 생기는 것일까요? 이번 사건은 20대 초반의 건장한 청년이 50대의 도둑을 제압한 사건입니다. 물론 도둑질은 잘못됐고 법의 심판을 받아야 마땅합니다. 그런데 이 사건의 핵심은 청년이 도둑을 제압한 상황에서 도둑에게 지속적인 폭행을 가했다는 점입니다. 저는 청년의 행동은 정당방위라고 하기에는 문제가 있다고 생각합니다.

토론자 1 　저는 학력 향상과 사교육은 무관하다고 생각합니다. 핀란드의 학생들은 사교육을 받지 않는데도 PISA에서 세계 최고의 성적을 올리고 있습니다. 핀란드 학생들이 좋은 성적을 거두는 이유는 아이들이 만족하는 학교생활을 주요 교육 과제로 삼고 있기 때문이라고 합니다. 이처럼 학력 수준은 사교육이 아니라 학생의 만족도에 좌우되는 것입니다.

토론자 2 　방금 말씀하신 의견에도 일리가 있습니다만 핀란드와 우리나라는 상황이 좀 다르다고 생각합니다. 학벌 중심, 경쟁 위주의 사회 분위기 속에서 좋은 대학에 진학하고 좋은 직장을 얻기 위해 사교육을 하는 것을 막을 수 있을까요?

토론자 3 　저는 사교육의 긍정적인 효과도 고려해야 한다고 생각합니다. 사교육으로 인해 여러 가지 문제가 생기는 것은 사실이지만 사교육을 통해 학습에 흥미를 느끼거나 자신감을 갖게 되는 학생들도 있습니다.

토론자 4 　저는 생각이 조금 다릅니다. 지금 우리 교육 상황에서 사교육을 전면적으로 금지하자는 것이 아닙니다. 문제는 선행 사교육입니다. 과도한 선행 사교육으로 인해 학생들이 학교 교육에 대한 흥미를 잃게 되면서 학교 교육이 파행으로 치닫고 있습니다. 이런 상황을 바꾸기 위해서라도 선행 사교육을 금지하는 제도를 만들어야 할 것입니다.

토론자 4 　저도 그 의견에 동의합니다. 특히 과도한 사교육은 학생들뿐만 아니라 학부모에게도 경제적인 부담을 주고 있습니다. 과도한 사교육비 지출로 인한 가계 부담은 증가하고 있고, 교육 기회의 불평등도 매우 심각한 수준입니다. 이러한 문제를 해결하기 위해 사교육을 제한할 필요가 있다고 생각합니다.

사회자 　얼마 전 20대 청년이 절도범을 빨래 건조대로 내리쳐 의식불명 상태에 빠뜨린 사건이 있었습니다. 법원은 이 청년에게 지나친 폭력을 행사했다는 이유로 징역 1년 6개월을 선고했습니다. 이 사건이 알려지면서 정당방위의 기준에 대한 논란이 일어나고 있습니다. 이번 처벌에 대해서 어떻게 생각하시는지요. 여러분의 의견을 들어보도록 하겠습니다. 먼저, 김인수 씨 어떻게 생각하십니까?

토론자 1 저는 이 청년의 행동이 정당했다고 생각합니다. 누군가 내 재산을 침범하고 내 가족을 위협한다면 목숨을 걸고 대응하는 것이 당연합니다. 제가 만약 그 상황에 처했다면 저는 빨래 건조대가 아니라 더한 무기로 대응했을 것입니다.

토론자 2 저도 처음에는 김인수 씨의 의견처럼 정당방위라고 생각했습니다. 그런데 누군가 나에게 무작정 폭력을 휘둘러서 두어 대 맞았다고 제가 그 사람을 죽일 권리가 생기는 것일까요? 이번 사건은 20대 초반의 건장한 청년이 50대의 도둑을 제압한 사건입니다. 물론 도둑질은 잘못됐고 법의 심판을 받아야 마땅합니다. 그런데 이 사건의 핵심은 청년이 도둑을 제압한 상황에서 도둑에게 지속적인 폭행을 가했다는 점입니다. 저는 청년의 행동은 정당방위라고 하기에는 문제가 있다고 생각합니다.

토론자 3 저는 정아름 씨의 의견에 동의할 수 없습니다. 도둑이 한 대 맞고 쓰러졌다 한들, 일반인이 경찰이 아닌 이상 상대를 완벽하게 제압할 수 있을까요? 또 다른 사고를 막기 위해서라도 청년의 행동은 지나치지 않았다고 생각합니다.

토론자 4 저도 청년의 행동이 정당했다고 생각합니다. 미국에서는 술에 취한 사람이 집을 잘못 찾아 남의 집에 들어갔을 경우 총으로 쏴 죽여도 정당방위가 인정된다고 합니다. 그런데 이 사건의 경우, 도둑이 우리 집을 침범했습니다. 도둑이나 강도를 만났을 때 보통 사람은 당황하여 주위에 있는 물건을 집어 들어 방어를 하게 됩니다. 그런데 범죄자가 다쳤다고 과잉방어라고 할 수 있을까요? 저는 우리나라 법이 정당방위 기준에 대해 지나치게 인색하다고 생각합니다.

토론자 5 최민식 씨가 말씀하신 것처럼 우리나라의 법 제도에 문제가 있다는 데에는 동의합니다. 하지만 이 사건의 예만 가지고 말씀드리자면, 건장한 청년이 도둑을 제압을 한 후에 그 도둑을 총을 쏴서 살해했다면 미국에서도 그 행동이 정당방위인지 문제가 될 수 있다고 생각합니다. 자신과 재산을 지키는 것은 정당한 행동이지만 그렇다고 해서 법 집행도 내가 알아서 할 수 있다는 것은 아니라고 생각합니다.

사회자 지금까지 여러분의 말씀 잘 들었습니다. 청년의 행동이 정당방위에 해당했는지 그에 대한 법적 처벌은 과연 적절했는지에 대해 여러 의견을 들어 봤습니다. 무엇보다 법적으로 정당방위를 어디까지 인정할 것인지에 대한 명확한 기준이 필요할 것 같습니다.

과제 1

가 🎧 ₃₋₁₋가 지금까지 '사교육'의 개념과 유형에 대해 간단히 살펴보았습니다. 다음으로 한국 교육에서 사교육이 차지하는 비중에 대해 살펴보도록 하겠습니다.

나 🎧 ₃₋₁₋나 안녕하십니까. 오늘 발표를 맡은 이수민입니다. 혹시 커피 좋아하십니까? 하루에 커피를 몇 잔정도 마십니까? 저는 커피를 좋아해서 하루에 4잔 이상 마시는데, 이렇게 마셔도 되는지 걱정이 되기도 합니다. 그래서 저는 '커피가 건강에 미치는 영향'에 대해 조사해 보았습니다.

다 🎧 ₃₋₁₋다 지금까지 말씀드린 것을 종합해 보면 지구 온난화의 속도를 느리게 하기 위해서는 우리 모두 환경 문제에 관심을 가지고 환경을 보호하기 위해 노력해야 한다는 것입니다.

라 🎧 ₃₋₁₋라 오늘 저희 조는 소셜네트워크서비스, 즉 SNS의 장단점에 대해 말씀드리고자 합니다. 우선 SNS의 개념을 살펴보고, SNS의 장점, SNS의 단점 순으로 말씀드리겠습니다.

마 🎧 ₃₋₁₋마 한류란 대한민국의 문화가 다른 나라에서 인기를 얻는 현상으로 정리해 볼 수 있습니다. 그럼 한류가 어떤 양상으로 나타나는지 나라별로 살펴보도록 하겠습니다.

바 🎧 ₃₋₁₋바 그럼 가짜 뉴스 문제를 해결하는 방안으로는 무엇이 있을까요? 현재는 가짜 뉴스의 정의가 모호함에 따라 관련 법제 제정이 매우 어려운 상황입니다. 그래서 제도적 측면을 제외하고 대상을 언론사와 대중 즉 수용자에 한정하여 해결 방안을 제시해 보려고 합니다.

🎧 ₃₋₂

과제 2

지금까지 소셜 네트워크 서비스의 개념과 이용 현황에 대해 살펴봤습니다. 소셜 네트워크 서비스, 다시 말해 SNS는 온라인상에서 다수의 사람들과 사회적 관계를 맺을 수 있는 서비스를 뜻합니다. 10대와 20대가 주를 이루고 있기는 하지만 50대, 60대에 이르기까지 다양한 연령층의 사람들이 소셜 네트워크 서비스를 이용하고 있음을 확인할 수 있었습니다.

그럼 다음으로 왜 많은 사람들이 소셜 네트워크 서비스를 이용하는지, SNS의 장점에 대해 알아볼까요? 우선 SNS는 지리적, 공간적으로 떨어져 있더라도 정보를 신속하게 공유할 수 있습니다. 그렇기 때문에 친구들이 SNS에 올린 정보를 통해 그들의 상황을 빨리 파악할 수 있습니다. 둘째 SNS상에서는 사회적 배경, 종교, 성별, 연령에 구애 받지 않고 다양한 사람들과 교류할 수 있습니다. 즉 세대 간의 거리를 좁힐 수 있으며 친밀감도 쌓을 수 있습니다.

안녕하세요? 저는 오늘 발표를 하게 된 오성민이라고 합니다. 최근 국내외를 막론하고 가짜 뉴스가 유포되어 사람들에게 혼란을 주는 일이 많습니다. 그런데 언론에서도 가짜 뉴스를 명확하게 정의하는 경우가 적어서 가짜 뉴스에 대한 정의가 필요한 상황입니다. 그래서 오늘 저는 가짜 뉴스에 대한 정의와 대응 방안을 발표하고자 합니다.

발표의 순서는 이렇게 됩니다. 먼저 가짜 뉴스의 정의와 특징을 살펴볼 것이며 이를 토대로 가짜 뉴스가 유포되는 원인에 대해서 이야기해 볼 것입니다. 마지막으로 가짜 뉴스로 인해 야기되는 문제점과 그 해결 방안을 제시하는 것으로 발표를 마치겠습니다.

그럼 먼저 가짜 뉴스의 개념을 정의해 보도록 하겠습니다. 가짜 뉴스는 이름처럼 사실에 근거하지 않은 뉴스이며 허구를 바탕으로 한 뉴스라고 볼 수 있습니다. 그러나 기존에 매체 중에서도 허구성이 짙은 것이나 뉴스의 형태를 한 다른 매체는 존재했습니다. 주식시장에서 퍼지는 찌라시, 뉴스의 오보, 유언비어 등이 그 예가 될 것 같습니다. 그럼 과거의 매체와 비교하여 가짜 뉴스의 구체적인 특징은 어떤 것이 있을까요? 가짜 뉴스는 기본적으로 언론사에서 나온 뉴스의 형태를 하고 있습니다. 출처가 되는 언론사를 명시한 경우도 많고 기자의 이름, 인터뷰의 인용 등 최대한 독자로 하여금 뉴스 기사라는 인식을 갖게끔 합니다. 동시에 전체 또는 부분적으로 사실이 아닌 것에 기반합니다. 예를 들어 기사의 내용이 허구이거나 인터뷰 내용 등을 왜곡하기도 합니다. 또한 가짜 뉴스는 여론의 형성과 대중의 사리판단에 악영향을 줍니다. 왜냐하면 보도 내용이 거짓이고 뉴스처럼 생겼기 때문에 다른 기사와 비교한다거나 더 살펴보지 않으면 그 뉴스를 사실로 허용하기 때문입니다. 주로 가짜 뉴스는 정치적인 허구의 내용을 담은 경우기 많습니다. 왜냐하면 특정한 정치적 목적을 실현하기 위해 가짜뉴스를 생산하고 유포하기 때문입니다.

그렇다면 이런 가짜 뉴스 유포의 원인은 무엇일까요? 다음 장에서 살펴보도록 하겠습니다. 먼저 뉴스 소비의 성격에 기인합니다. 독자들은 자신이 듣고 싶은 내용, 원하는 내용일 때 뉴스를 신용하고 소비하게 됩니다. 따라서 자신의 정치적 성향과 같은 내용인 가짜 뉴스를 볼 때 더욱 더 신용하게 되고 더 나아가 유포하는 데에 일조하게 됩니다. 두 번째로는 주류 언론에 대한 낮은 신뢰도가 원인이 됩니다. 정치적 이해관계에 따른 주요 언론 등에 반감을 가지거나 주요 언론의 뉴스를 신뢰하지 않는 경우가 많은데 자연스럽게 이들은 기존의 매체를 멀리하게 되고 본인의 정치적 성향과 맞는 기사나 매체를 찾아서 그 뉴스와 기사만을 수용하게 됩니다. 이렇게 가짜 뉴스가 유포되는 원인을 정리해 보았습니다.

다음으로 구체적으로 가짜 뉴스의 문제점을 알아보도록 하겠습니다. 먼저 가짜 뉴스는 특정한 정치적 목적을 실현하기 위해 생산되기 때문에 언론의 공정성과는 거리가 멉니다. 또한 기사의 내용이 사실이 아니기 때문에 사실을 전달해야 하는 언론의 역할을 무시합니다. 둘째로는 여론 조작이 용이하다는 점에 있습니다. 이는 원래 언론의 특성으로 뽑히기는 하지만 허구의 내용을 담고 있기 때문에 문제가 더 커지게 됩니다. 마지막으로 사회를 극단주의로 치닫게 합니다. 가짜 뉴스를 통한 여론 조작 및 여론 형성을 통해 극단적인 정치 시위를 유발하기도 합니다.

그럼 가짜 뉴스 문제를 해결하는 방안으로 무엇이 있을까요? 현재는 가짜 뉴스의 정의가 모호함에 따라 관련 법제 제정이 매우 어려운 상황입니다. 그래서 제도적 측면을 제외하고 대상을 언론사와 대중 즉 수용자에 한정하여 해결 방안을 제시해 보려고 합니다. 언론사의 경우는 기사 작성에 있어서 팩트 체킹을 강화해야 하고 언론을 사칭하는 가짜 뉴스 제작자에 대한 법적 대응을 강화해야 합니다. 이는 언론사에 대한 명예훼손으로도 이어지기 때문입니다. 그리고 사실 관계 확인에 대한 모니터링을 강화해야 합니다. 관련 부서를 확충한다거나 제도를 정비한다거나 하는 방안이 있을 것입니다. 그러나 가짜 뉴스는 단순히 언론사의 책임 강화로 해결되는 문제가 아닙니다. 언론의 수용 주체가 되는 대중은 기사를 구독할 때 출처가 어디인지 따져야 하며 다른 기사와 내용을 비교하고 대조해야 합니다. 이렇게 언론사와 대중이 각자 심사숙고하여 기사를 만들고 수용한다면 가짜 뉴스로 야기되는 문제는 해결될 것입니다.

지금까지 가짜뉴스의 개념과 특징, 문제점과 해결 방안에 대해 살펴보았습니다. 우리 모두 뉴스를 수용할 때 신중해야 할 것입니다. 지금까지 발표를 한 오성민이었습니다. 잘 들어 주셔서 감사합니다.

과제 1

가 🎧 (4-1-가)　그래서 오늘은 가장 기초적인 영화에 대해서 가장 기초적인 사항들을 확인해 보는 시간을 갖도록 하겠습니다. 그래서 영화가 무엇이고 영화의 구성 요소는 어떤 것들이 있고 영화의 단위는 어떤 깃들이 있는지 이런 것들을 아주 간단하게 살펴보도록 하겠습니다.

나 🎧 (4-1-나)　다소 장황하게 설명을 했습니다만 다시 한 번 강조합니다만 가장 중요한 것은 음성이나 문자로 여러분들의 생각이나 주장을 전달하려면 반드시 청자 또는 독자를 고려해서 어떻게 할 것인가?라는 생각부터 하나씩 하나씩 해 가는 것 이것이 매우 중요하다 이것이 오늘 의사소통 방식에서 제가 전달하고자 하는 가장 중요한 주제라고 할 수 있겠습니다. 오늘 의사소통 방식에 대해서는 강의를 끝마치도록 하겠습니다. 고맙습니다.

다 🎧 (4-1-다)　이것이 다국적 기업이 해외 시장에 진출하는 여러 가지 형태와 운영 원리에 대해서 말씀을 드린 것입니다. 자, 여러분이 이것만 이해하시면 기본적으로 다국적 기업의 출현 배경 및 진출 과정의 모든 부분을 이해했다고 볼 수 있습니다.

라 🎧 (4-1-라)　영어로 Social Psychology를 사회심리학이라고 번역한 것인데요. 여기 보시다시피 사회적 상황에서의 개인의 사고, 생각, 감정, 기분, 행동을 연구하는 심리학의 한 분야라고 보시면 되겠습니다. 그렇다면 여기서 말하는 사회적 상황이란 무엇을 이야기할까요?

마 🎧 (4-1-마)　안녕하십니까? 유비쿼터스 컴퓨팅에 대한 소개 강좌를 시작하겠습니다. 본 강좌에서는 우선 유비쿼터스 컴퓨팅이라는 것이 무엇인지에 대한 개략적인 설명을 우선 시작하겠습니다.

바 🎧 (4-1-바)　즉 이처럼 지금 우리가 현재 살고 있는 앞으로 우리가 직면해서 살게 될 이런 21세기 사회에 대해서 긍정론과 부정론이 양론이 존재하고 있는데, 이 사회가 어떻게 바뀌어 가게 될 것인지에 대해서 사실 우리가 지금 쉽게 예측할 수는 없다고 생각합니다.

안녕하십니까? 여러분 이렇게 만나게 되어 반갑습니다. 저는 김석호입니다. 여러분의 경제학에 대한 이해가 우리 수업을 통해서 더욱 깊어지고 넓어지기를 바랍니다. 그럼 우리는 왜 경제학을 공부하는 것일까요? 경제학은 이 세상에서 가장 소중한 존재가 바로 여러분 한 개인으로서의 나, 한 사람 한 사람이라는 인식으로부터 출발합니다. 이렇게 소중한 존재인 각각의 나는 자신의 자기 이해를 극대화하는 존재입니다. 경제학의 핵심 명제 중 하나는 이렇게 자기 이해를 극대화하려고 하는 것이 자연스러운 일이고 그리고 사회 전체에도 이로운 결과를 낳는다는 것입니다. 그런데 이러한 우리는 동시에 한 사회의 구성원으로서 타인과 공감하는 우리이기도 합니다. 더불어서 이 광활한 우주에 소우주로서 위계적인 생태계와 교감하고 상호작용하는 존재이기도 합니다. 이렇게 중층적인 존재인 우리는 복잡하고 늘 변화하는 경제 현상을 포착하고 이해하고자 하는데 이를 위해서 논리적인 정확성이 있고 동시에 현실을 제대로 설명하며 그리고 현실을 바람직하게 개선하는 그러한 경제학 이론을 학습하게 됩니다. 우리 시대의 인류가 또는 각자가 직면하고 있는 경제 문제를 합리적으로 현실적으로 해결할 수 있는 방안을 사유하는 것, 그것이 본 과정의 목표입니다.

일반적인 경제학 수업은 수식과 그래프로 대표되는 추상적인 이론 모형의 학습으로 이루어집니다. 우리 과정도 이렇게 추상적인 이론 모형을 학습합니다. 하지만 우리 수업은 보통의 수업과 다르게 이에 더해서 일상의 구체적인 사례들을 통해 이야기를 나누는 스토리텔링 방식도 채택합니다. 더불어 학생과 교수 간에 문답을 하는 소크라테스식 대화 방법도 진행합니다. 여러분의 학습에 대한 평가는 중간고사 및 기말고사 그리고 과제, 그리고 출석으로 이루어지는데 중간고사 및 기말고사는 필답고사입니다. 모두 주관식이고 주로 단답형입니다. 과제로는 여러분에게 추후 공지하게 될 경제학과 관련된 도서 목록 중에서 여러분이 좋아하는 책을 선정하고 그 책을 꼼꼼히 읽은 다음에 여러분의 음성으로 책 내용을 잘 요약하고 정리한 다음에 여러분의 생각을 더해서 글을 작성해서 제출해주면 됩니다. 출석은 평가 요소이기도 하지만 더욱 중요하게는 학생과 교수 간에 인사를 나누는, 그럼으로 해서 인간적인 유대를 나눌 수 있는 장을 마련하려는 의미가 더 크다는 점을 이해했으면 좋겠습니다.

- 김석호 교수 〈경제학 원론〉 강의 일부

가 🎧 4-3-가   오늘은 여러분과 함께 사회학이라고 하는 학문이 무엇인지에 대해서 공부해 보도록 하겠습니다. 사회학은 영어로는 sociology라고 합니다. 그 접두사로는 socio-라고 하는 접두사와 그 다음에 logy라고 하는 접미사가 결합되어 있는 용어가 되겠는데 logy라고 하는 것이 학문을 의미하는 그런 라틴어에서 출발했다고 보면 앞에 sicio-라고 하는 것은 사회를 의미하는 것이죠. 즉 사회학이라는 것은 간단히 이야기해서 사회에 대한 학문, 사회를 연구하는 학문 이렇게 일단 이해를 하면 되겠습니다. 조금 더 부연해서 이야기한다면 우리 사람이 한 개인으로서 이 사회를 살아가는데 그러나 개인은 혼자만 살 수 있는 존재는 아니죠. 흔히 사람은, 인간은 사회적 존재라고 이야기하지 않습니까? 즉, 다시 말해서 개인은 사회적 삶을 사는 그런 존재이지요. 그래서 이 사회학에서는 사람의 사회적 삶, 즉 사람이 살아가는 데 있어서 다른 사람들하고 같이 어떻게 인간 집단을 이루고 다른 말로 이야기해서 어떻게 사회를 이루고 사는지 그렇게 사는 가운데 있어서 어떤 모습으로 살아가는지 이런 다양한 삶의 모습을 연구하는 학문이 사회학이라고 할 수 있습니다.

나 🎧 4-3-나   지금 우리는 현대, 21세기 현대 사회를 살고 있습니다. 이 21세기 현대 사회와 관련해서는 여러 학자들이 무한한 인간의 잠재적인 능력이 발휘될 수 있는 그것을 통해서 인간의 삶의 질이 향상이 되고 미래가 우리에게 긍정적으로 펼쳐질 것이라고 하는 그런 어떤 미래의 긍정적인 가능성에 대한 낙관론이 한쪽에 논의가 되고 있는가 하면 또 다른 일부의 학자들은 우리 21세기 미래 사회에 대해서 굉장히 부정적으로 전망을 하기도 합니다. 즉 다시 말하면 과거의 그런 어떤 여러 가지 시스템들이 새로운 것으로 바뀌어 나가야 하는 그런 과정 속에서, 즉 예를 들면 요즘 이야기하고 있는 제4차 산업 혁명과 관련해서 인공지능의 발전, 이런 것들이 과연 이전의 인간의 삶들과 어떻게 충돌이 될 것인지 그런 속에서 발생할 수 있는 여러 가지 갈등들, 긴장스러운 상황, 이런 것들이 많이 부각될 것이라고 보는 것이죠. 구체적으로는 이런 인공지능의 발달이 초래하고 있는 제4차 산업혁명으로 인해서 사람들이 그동안에 하던 일자리를 거의 잃게 될 것이라고 하는 그런 부정적인 전망을 하는 학자들도 있습니다. 즉 이처럼 지금 우리가 현재 살고 있는, 앞으로 우리가 직면해서 살게 될 이런 21세기 사회에 대해서 긍정론과 부정론이 양론이 존재하고 있는데, 이 사회가 어떻게 바뀌어 가게 될 것인지에 대해서 사실 우리가 지금 쉽게 예측힐 수는 없나고 생각을 합니다. 왜 그러냐 하면 이 사회라고 하는 것은 궁극적으로 그 사회를 구성하고 있는 우리 사람들이, 즉 인간들이 이루어가는 것이기 때문에 그렇죠. 즉 다시 말하면 인간 사회의 미래라고 하는 것은 우리 스스로가 어떻게 생각하고 어떻게 행위하느냐에 따라서 우리가 긍정적인 방향으로도 혹은 부정적인 방향으로도 만들어질 수 있는 그런 것이라는 것이죠.

– 유홍준 교수 〈사회학 입문〉 강의 일부

제5과

오광근 교수 〈언어의 이해〉 강의 일부

5-1 5-1 강의 듣기 1

우리가 언어가 왜 필요합니까? 아마도 많은 학생들이 이렇게 답변을 할 것입니다. 의사소통을 하기 위해서 필요합니다. 라고요. 결과적으로 의사소통에는 무엇이 필요하다는 것입니까? 언어가 필요하다는 것입니다. 그런데 왜 의사소통에 언어가 필요한 것일까요? 한번 생각해 보시지요. 의사소통 방식에 언어밖에 없습니까? 아마도 그림, 음악, 또는 몸짓, 제스처 이런 것들도 의사소통의 하나의 방식이 되지 않을까요? 과거에 우리 조상들은 우리의 감정을 정보를 표현하기 위해서 동굴 속에 들어가서 벽화를 그리고 또 자기의 감정을 드러내기 위해서 음악을 만들고 또 우리가 멀리 있는 사람들에게 정보를 전달하기 위해서 제스처도 하고 깃발도 흔들고 그 다음에 불도 지피고 연기도 막 피워서 우리의 생각을 전달했었습니다. 그럼에도 불구하고 이런 것들이 인간에게 있어서 의사소통에 수단이 되지 않은 이유가 있었지요. 그것은 그림, 음악, 제스처 등은 의미 전달력에 한계가 있기 때문에 그렇습니다. 생각해 보시지요. 여러분들이 누구에 대한 사랑의 감정, 고마움에 대한 감정, 증오에 대한 감정 이런 것들을 그림으로 표현할 수 있을까요? 쉬울까요? 우리가 그림으로 그린다고, 우리가 음악으로 표현한다고 상대방이 이것들을 잘 이해할 수 있을까요? 이 말은 곧 우리의 생각이 그림이나 음악이나 제스처 같은 것을 통해서 전달되기는 쉽지 않다. 구체적인 것, 의자나 책상, 사람 이런 것들은 그림을 통해서 전달할 수 있지만 추상적인 개념, 이런 것들은 사실 그림이나 음악이나 제스처 등을 통해서 표현하기 쉽지가 않습니다. 표현의 제약이 많은 것이지요. 그럼 우리는 의사소통을 잘하기 위해서 언어를 잘 살펴볼 필요가 있다고 생각하는 것입니다. 언어에 대한 특성 기본적인 본질을 잘 이해하지 못한다면 우리는 의사소통을 잘 하기 어렵다는 얘기가 됩니다. 그래서 우리는 이번 시간에 언어의 구성 요소, 그 다음에 언어의 실현 환경 또는 조건 그 다음에 언어의 종류에 대해서 간단하게 살펴볼 것입니다.

가 그렇다면 언어의 실현 조건 또는 환경은 무엇인가? 생각해 볼 필요가 있습니다. 우리는 언어가 어느 때든 실현될 수 있다. 이런 것은 아니죠. 사실은. 공기가 없으면 소리가 전달되지 않습니다. 이런 것을 얘기하는 것은 아니고. 우리가 언어를 실현할 때 예를 들면 음성적인 형태로 상대방한테 내 정보나 감정이나 생각을 전달할 때 또는 문자적인 형태로 제가 다른 사람한테 제 생각이나 감정이나 사상 등을 전달할 때 조건이 필요한가 안 필요한가 이런 것입니다. 필요하다면 어떤 조건, 어떤 환경인가 그런 것이지요.

나 우리는 말을 할 때 말하는 사람 즉 화자가 있고 말을 하면 항상 듣는 사람 즉 청자가 있습니다. 우린 이것을 구어라고 하지요. 구어는 음성적인 형태로 전달이 되는 겁니다. 정보가. 그런데 우리는 말을 하지 않고 의미를 전달할 수 있지요. 어떻게요? 쓰는 것입니다. 글을 쓴다고 할 때는 항상 글을 쓰는 필자, 그 다음에 그 글을 읽는 독자가 존재합니다. 우리는 이것을 문어라고 합니다.

다 우리는 독백으로 얘기하는 경우가 있지요. 혼자 중얼거리면서 얘기를 합니다. 그러면 이때 청자는 누구입니까? 그렇습니다. 말하는 자신이지요. 말하는 사람이 말하면서 그 말한 것을 말한 사람이 다시 듣는 겁니다. 말을 내뱉는 순간 우리는 화자라는 것이 존재하고 말을 내뱉는 순간 누군가는 나를 포함해서 누군가는 들을 수 있다는 것입니다. 필자와 독자 같은 경우에 일기라는 것이 있습니다. 여러분들 일기를 많이 써 보셨죠? 초등학교 때부터 중학교, 아마 지금도 일기를 쓰는 학생들이 있을 것입니다. 일기의 필자는 누구죠? 일기를 쓰는 사람입니다. 일기의 독자는 누구죠? 선생님? 부모님? 또는 감독관? 뭐 이런 것은 아니죠. 일기의 독자는 바로 필자입니다. 일기 같은 경우에도 바로 독백처럼 일기를 쓰는 사람과 그 글을 읽는 사람이 사실은 같지요. 다만 학교생활에서 선생님이 여러분들의 일기를 본다거나 또는 부모님들이 여러분의 일기를 보는 것은 독자의 입장이라기보다는 여러분이 숙제를 했는가 안 했는가하는 차원에서 보는 것이고 일기의 진정한 독자는 바로 여러분들 자신인 것이지요.

라 🎧 5-2-라   언어의 실현 조건 또는 환경 속에서 화자와 청자가 있다 그 다음에 필자와 독자가 있다라고 항상 생각하는 것은 중요합니다. 다시 말해서 구어상 말을 할 때에는 반드시 무엇이 존재한다? 화자와 청자. 문어 상황에서 글을 쓰는 상황에서는 누가 존재해야 된다? 필자와 독자가 있는 것입니다. 물론 화자와 청자 외에 제 3의 인물이 대화할 때 나타나지요. 글을 쓰는 상황에서도 필자와 독자 외에 제3의 인물은 무수히 나타날 수 있습니다. 하지만 기본적으로 제3자는 나타나지 않을 수 있지만 필자와 독자의 관계에서 독자와 필자가 안 나타날 수 있다, 이런 것은 아닙니다.

·············· **제6과** ··············

윤희용 교수 〈유비쿼터스 컴퓨팅〉 강의 일부

🎧 6-1 🖥 6-1

그럼 우선 유비쿼터스 컴퓨팅이라는 것에 대한 좀 개괄적인 특징에 대해서 같이 알아보도록 하겠습니다. 유비쿼터스 컴퓨팅이라고 하는 것은 단어의 어원을 봤을 때 그리스에서 나온 단어로서 유비쿼터스라고 하는 것은 영어로 'present everywhere', '어디에나 존재한다'라는 그러한 뜻이 되겠습니다. 그래서 유비쿼터스 컴퓨팅이라고 하는 것은 유비쿼터스의 본 뜻과 같이 이러한 컴퓨팅이 어디에나 존재하는 그러한 상황을 뜻하는 것이고 우리가 간략하게 유비컴(UbiComp)이라고 부르고 있습니다.

이러한 유비쿼터스 일반적인 컴퓨팅에 대해서 새로운 비전을 제공하고 있습니다, 첫 번째로 유비쿼터스라고 하는 것은 컴퓨터를 기반으로 하는 서비스가 어디서나 가능한 그러한 뜻을 가장 우선적으로 포함을 하고 있습니다. 그 단어의 어원이 그렇기 때문에 여러분들이 유비쿼터스 하면 첫 번째로 '어디서나'라는 것을 기억을 하면 가장 정확한 뜻을 이해한다고 얘기할 수 있겠습니다.

가 이러한 유비쿼터스 컴퓨팅 기술은 여러 가지 중요한 특징이 있겠지만 가장 첫 번째로 인간의 직관적인 사용을 지원하는 것이 정말 넘버 원 제일 중요한 특징입니다. 직관적인 사용이라는 것은 상당히 좀 복합적인 의미가 있는 그런 뜻이기는 한데 쉽게 표현을 한다면 이렇습니다. 우리가 컴퓨터를 쓰기 위해서는 여러분들이 어떻게 됩니까? 컴퓨터의 전원을 켜고 키보드를 누르고 원하는 작업을 일일이 지시를 해야 컴퓨터가 우리가 원하는 작업을 수행을 합니다. 유비쿼터스 컴퓨팅에서는 이와 같은 그러한 일일이 사용자가 인간이 컴퓨터에게 어떠한 명령을 내리고 작업을 지시하지 않아도 컴퓨터가 스스로 알아서 직관적인 사용을 할 수 있도록 도와주는 것입니다. 좀 더 쉽게 말해서 인간이 어떤 특별한 지시를 하지 않아도 컴퓨터가 사람의 여러 가지 상황을 이해해서 아, 지금은 사용자가 이러한 것을 하고 있으니까 그 다음 작업으로 이러한 것을 하면 더 좋겠구나라는 것을 미리 알아서 지원을 해 주는 아주 스마트하고 지능적인 그러한 컴퓨팅, 보조 컴퓨팅 역할이 되겠습니다.

나 이러한 유비쿼터스 컴퓨팅을 사용할 때는 중요한 요소가 방금 얘기했던 것처럼 사용자에게 특별히 컴퓨터나 아니면 그런 유비쿼터스를 제공하는 장치가 굳이 보일 필요가 없습니다. 그러한 장치들이 보인다는 것은 사람들이 그러한 장치들을 사용하기 위해서 여러 가지 그런 버튼을 누른다든지 키보드를 친다든지 등등 관련 장치에 어떠한 지시를 해야 하는데 유비쿼터스 컴퓨팅에서는 그러한 장치나 컴퓨터를 직접적으로 구동할 필요가 없습니다. 심지어는 아예 보이지도 않고 우리 사용자는 그런 컴퓨터가 어디에 있는지도 심지어는 모를 정도입니다. 그렇지만 그런 컴퓨터와 관련 장치가 인간의 현재 위치라든지 인간의 행동을 느끼고 판별을 해서 그런 사용자에게 어떠한 작업이 제일 좋을지 미리 예측하고 또 그것을 판단함으로써 사용자한테 아주 편리한 그러한 기능을 제공해 주는 것이 유비쿼터스 컴퓨팅의 중요한 역할입니다.

다 이러한 유비쿼터스 컴퓨팅의 여러 가지 비슷한 그런 이름이 있는데 예를 든다면 pervasive computing 그러니까 'pervasive'라는 뜻은 어떤 것들이 다른 것에 '녹아 들어가 있는', '스며들어 있는' 그러한 것을 뜻하는데 이와 같이 유비쿼터스 컴퓨팅도 컴퓨팅 디바이스나 그런 장치들이 많은 곳에 스며들어가 있는 컴퓨팅이리고 해서 pervasive computing이라고 부르기도 하고 또 nomadic computing. 'nomadic'이라고 하는 것은 한곳에 이렇게 가만히 있는 게 아니라 이렇게 움직이면서 여러 군데 왔다 갔다 하면서 할 수 있는 컴퓨팅이라는 그러한 뜻인데 유비쿼터스 컴퓨팅이 인간으로 하여금 움직이면서 다니면서 편리하게 그렇게 컴퓨팅을 할 수 있는 그러한 기술이다 해서 nomadic computer라고 부르기도 합니다.

제7과

김미리혜 교수 〈사회심리학〉 강의 일부

우선 사회심리학이란 무엇인지 살펴보기로 하겠습니다. Social Psychology를 사회심리학이라고 번역한 것인데요. 여기 보시다시피 사회적 상황에서의 개인의 사고, 생각, 감정, 기분, 행동을 연구하는 심리학의 한 분야라고 보시면 되겠습니다.

그렇다면 여기서 말하는 사회적 상황이란 무엇을 이야기할까요? 사회적 상황이란 우리가 일상 대화에서 '사회' 할 때는 미국 사회, 한국 사회, 그렇게 얘기하잖아요. 그럴 때 말하는 거창한 규모, 커다란 규모의 사회도 물론 이 사회 속에 포함이 됩니다만 심리학에서는 사회적 상황이라고 할 때 '사회', 'social', 'society' 할 때는 한 명 이상이라도 괜찮아요. 주위 사람이 있을 때 다른 사람들 속에 개인이 위치해 있을 때 그런 상황을 사회적 상황 혹은 사회 속에 있다고 말을 합니다. 그래서 여기 말씀드렸듯이 사회적 상황이란 다른 사람들과의 상호작용 상황입니다.

여기서 잠시 사회적 영향에 대해서 언급하고 넘어가야 여러분들이 그 다음 동조와 복종에 대해서 더욱 잘 이해할 수 있을 것 같아서요. 잠시 설명 드리겠습니다. 사회적 영향은 영어로 social influence를 번역한 것이겠지요. '사회적' 다시 또 나왔습니다. 사회적 영향은 우리 개개인의 감정, 기분, 의견, 행동 등이 다른 사람들의 영향을 받을 때 그럴 때 우리가 "사회적 영향이 일어났다." 영어로 말하면 "social influence가 일어났다"이렇게 심리학에서 말합니다. 우리 모두 알다시피 우리 각자는 다른 사람에게 영향을 주죠. 그리고 다른 사람들은 또 우리 개인에게 영향을 끼칩니다. 사회적 영향의 예로 동조와 복종을 들 수가 있고요. 차례대로 오늘 강의에서는 동조에 대해서 설명하고 그 다음에 복종에 대해서 설명 계속하도록 하겠습니다.

가 방금 말씀 드렸듯이 동조는 영어로 conformity인데요. 동조는 사회적 영향의 일종으로서 자신이 소속된 집단, 개인이 소속된 집단에 맞춰서 개인이 신념이나 행동을 바꾸는 것을 말합니다. 다시 말해서 주위 사람들과 태도, 신념, 행동, 그런 것들을 맞추려는 경향을 이야기할 수 있겠고요. 카멜레온 효과 혹은 카멜레온 현상이라는 말이 있습니다. 카멜레온 다 아시죠? 주위 환경에 따라서 자신의 색깔을 변화시키는 동물이지요. 말 그대로 주위 사람들의 행동이나 옷차림, 헤어스타일, 이런 것들을 모방하는 경향, 그런 현상을 카멜레온 효과, 영어로 Chameleon effect라고 합니다. 동조 현상을 잘 설명해주는 용어, 뜻이라고 할 수 있겠지요.

나 동조의 이유에 대해서 정리를 해 놨습니다. 우선 잘 모를 때는 모호한 상황, 개인이 상황을 잘 이해하지 못했거나 답에 대해서 자신이 없거나 하는 상황이었다면 다른 사람들이 어떻게 행동하는가 하는 것이 현실 판단에 유용한 정보가 되겠지요. 근거가 되겠지요. 도움이 되겠지요. 그 다음에 표면적 동조라고 써 놨는데요. 속으로는 동조하지 않으면서 속으로는 너희들은 틀렸어, 나만 옳다고 생각하면서 표면적으로만 겉으로만 다른 사람에게 인정받기 위해서, 왕따당하지 않기 위해서, 배척당하지 않기 위해서 표면적으로 겉으로만 동조하는 경우들이 많다는 것이지요.

다 그리고 어느 때 동조 가능성이 증가하느냐를 보면 다른 실험이기는 한데요. 같은 상황에서 7명의 실험 보조자들이 다 틀린 답을 말하는 것이 아니라 그중에서 한 명 혹은 두 명이라도 정답을 말하는 경우는 그리고 나머지 대여섯 명은 틀린 답을 말하고 그중에서 한 명이라도 정답을 말하는 그런 경우는 동조 가능성이 크게 감소하게 됩니다. 자신의 소신을 지킬 수 있게 된다는 것이지요. 타인 중에서 한 명이라도 다른 견해를 보인다면 자기 소신과 맞는 얘기를 하면 전체 다수에 동조하는 가능성이 크게 감소된다는 결과가 있습니다.

우리가 어떤 때 동조를 하는지? 우리가 우리 자신의 소신에 맞지 않는 상황에서도 소신에 맞지 않는 사람의 의견에 대해서 동조를 할 때가 있는데요. 어떤 상황에서 그런 동조를

많이 하는지 뭐 이런걸 알아보기 위한 실험이라고 보시면 되겠습니다. 굉장히 오래 전에 솔로몬 에쉬라는 분께서 수행한 동조 실험에 대해서 설명 드리기로 하겠습니다. 어떤 피험자 혹은 실험 참가자라고 할 수 있겠습니다. 여러분이 실험 참가자 중의 한 사람이라고 생각하시고 이 실험에 참가했다고 상상을 하시면서 이 상황 설명을 들으시면 훨씬 이해가 쉽겠고요. 그 다음 실험 결과를 쉽게 예측할 수 있겠고 그 실험 결과를 이해하고 해석하실 수도 있겠다고 생각이 됩니다.

실험 참가자들이 누구였냐 하면 대학생들, 남자 대학생들이었고요. 이 사람들은 간단한 모집 공고를 보고 자원을 했어요. 이 사람들이 알고 있는 바는 모집 공고에 뭐라고 써 있었냐 하면 간단한 지각, 시각에 대한 실험, 그러니까 시지각에 대한 실험을 하니까 참여하실 분들은 참여하십시오. 이런 공고문을 보고 이 실험에 참여한 피험자들이었습니다. 남자 대학생들이라고 했고요.

실험 절차는 어떻게 진행되는지 보시겠습니다. 여기 보시면 선분이 하나가 있고 선분이 세 개가 있지요. 왼쪽 선분과 같은 길이의 선분이 A, B, C 중에 어느 것인지 말하라는 지시를 내렸습니다. 그게 과제였어요. 이쪽에 있는 선분의 길이와 같은 선분을 골라내는 것이 이 사람들이 해야 하는 과제였습니다. 여기 보시면 답이 굉장히 쉽지요. 정답률이 100프로인 쉬운 문제들이에요. 그래서 이것과 같은 길이의 선분, 보이시죠? 그대로 C가 되겠습니다. 이게 실험 상황이라고 보시면 되겠고요.

8명이 한 방에서 테이블 주위에 둘러앉았지만 피험자 한 명을 제외한 나머지는 실험 보조자였습니다. 이 사람들 다 이 사람과 같은 피험자라고 착각할 수 있지만 이 사람은 다른 사람들도 처음 보는 실험 참가자라고 믿고 있었지요. 지금 여러분들이 이해하시는 것이 맞아요. 지금 속이는 실험, 기만 실험이라고 이해하시면 되겠습니다. 이 피험자를 속인 실험이고요, 나머지는 결국 진짜 피험자가 아니었고 실험보조자, 도우미들이었다는 것입니다. 돌아가면서 답을 말할 것이고요. 자, 이 사람부터 C, C, C, C, C, C… 이 사람 차례가 되었습니다. C 라고 대답합니다. 정답입니다. 이렇게 피험자는 마지막에 답하도록 설정이 되어 있었습니다. 여기서 이 실험에서는요. 여기가 포인트인데요. 가끔 이들이 실험 보조자 모두가 틀린 답을 말합니다. 이런 경우에 B, B, B, B, B… 이렇게 답합니다. 자, 여러분의 차례가 되었습니다. '어, 다들 틀린 답을 말하네.' 그죠? 여러분은 어떻게 하시겠습니까? 여러분은 정답이 C라는 것을 알고 있어요. 만약 어렵다면 모를 수도 있겠죠. 흠… 긴가 민가하는 그런 상황도 있을 수 있겠지요. 근데 제가 말씀드렸던 것처럼 정답률이 거의 100프로에 이르는 쉬운 문제들이었습니다. 이걸 어떻게 아느냐? 다음 슬라이드를 보시면서 이해하시죠.

자 통제 집단의 결과를 보시면 이해할 수 있어요. 통제 집단은 37명이었는데요. 다른 사람들이 없는 방에서 혼자서, 그러니까 사회적 상황이 아닌 것이지요. 사회적 영향이 없는 상황인 거죠. 혼자서 답을 말하게 한 사람들의 오답률은 1%도 안 되었다는거죠. 정답률 거의 100%의 쉬운 문제들이었다는 것이지요. 자, 여러분이 참여한 실험 집단 인원이 50명이었고요. 한 명씩 참여했습니다. 7명은 실험 도우미였고요. 자, 18번의 시행 중에서 틀린 답 시행은 12회였습니다. 이 12회의 틀린 답 시행에서 다시 말해서 다른 7명의 실험 보조자들이 틀린 답을 말한 경우이지요. 그런 시행에서 놀랍게도 75%의 피험자가 적어도 한 번 틀린 보기, 틀린 답을 자기도 말하더라는 것이지요. 자세히 보시면 틀린 답, 틀린 보기의 선택 비율은 이 정도였고요. 그 중에서도 5% 정도만, 소수만 일관성 있게 동조를 했다고 했습니다. 이것이 실험 결과입니다. 무슨 얘기냐 하면 계속 남들대로 자신의 소신을 꺾고 남들이 답하는 대로 틀린 답을 계속 일관성 있게 답한 사람들은 사실은 소수였다는 것이지요. 그리고 전혀 동조하지 않았던 사람들, 항상 정답만 말했던 사람들은 25% 정도였습니다. 다시 말해서 피험자 25% 정도만 소신을 지켰다는 것이지요. 남들이 틀린 답을 말할 때 본인은 정답을 얘기했다는 것이지요. 사회적 압력에 굴복하지 않고 자신이 믿었던 바를 말했다는 것이지요. 퍼센테이지 한 번 보세요. 이게 물론 이 실험을 여러 번 되풀이 했는데 조금씩 달라지기는 했지만 대충 이 정도라고 이해를 하시면 되겠습니다. 나라마다 다르고 연령마다 다를 테고요. 자, 나머지 피험자들은 많은 수의 피험자들은 수회만 동조하고, 왔다 갔다 했다는 것이지요. 어떤 때는 동조하고 어떤 때는 소신을 지켰고. 이런 결과가 나왔습니다. 속이는 실험이라고 제가 말씀을 드렸지요, 기만한 실험, 피험자를 기만한 실험입니다. 윤리적으로 당연히 문제가 있고요 이런 경우에 실험 후에 피험자들에게 진짜 실험 목적이 무엇이었는지에 대한 설명을 해야 되지요. 그리고 달래는 시간이 주어집니다.

줌 전에 말씀드렸듯이 디브리핑(Debriefing)을 할 때 원래 실험의 목적은 지각 테스트가 아니었다. 선분의 길이를 맞추는 그런 테스트가 아니라 원래 실험 목적은 어떤 상황에서 동조를 많이 하는지, 혹은 사람들이 동조를 자신의 소신과 다른 발언을 얼마나 많이 하는지에 대한 연구라고 말을 솔직히 해 줬고요. 이 사람들한테 물어봤어요. 피험자들에게 물어 봤어요. 왜 자신의 답이 정답이라고 믿으면서도 틀린 답을 따라 했는지에 대해서 물어 봤습니다. 그 피험자들의 대답 일부가 여기 소개가 되었네요. 굉장히 소수이기는 했지만 몇 명 안 되기는 했지만 다른 사람의 답이 정답이라고 믿었다고 해요. 그 순간의 이 선분이 이 선분과 길이가 같다고 믿은 사람들이 있다는 것이지요. 굉장히 소수였습니다. 그다음에 또 많은 사람들은 대부분의 사람들이 맞을 것이니 그냥 따라하기로 결정을 했다. 판단이 잘 서지 않았다. 내가 맞다는 자신이 없었다. 그래서 남들 하는 대로 따라했다. 이런 답이 많았고요. 또 많았던 답은 여러분들이 쉽게 짐작하실 수 있듯이 '내가 맞다는 걸 확신을 했지만 튀기 싫었어요.' '남들을 바보로 만들기 싫었어요.' '왕따당하기 싫었어요.' 튀기 싫었다. 내가 맞고 다른 사람은 틀리다는 것을 확신했음에도 불구하고 동조한 이유를 여기 소개했습니다.

제8과

조연성 교수 〈국제 경영론〉 강의 일부

여기 글자를 줄여서 국제 경영이라고 쓰고요. 국제경영에서 우선적으로 다루고 있는 대상, 다루고 있는 집단은 기업 집단 중에서도 멀티네셔널 엔터프라이즈(multi-national enterprise)입니다. 한국어로는 다국적 기업이라고 부릅니다.

그럼 다국적 기업의 국제경영 활동에 영향을 주는 요인들을 고려해야 하는데요. 영향을 주는 요인들이 굉장히 많이 있습니다. 왜냐하면 내수 기업 즉 domestic firm과 다르게 해외 시장 즉 overseas foreign markets이라고 부르는데요. 해외 시장에 나가서 business activity, 즉 비즈니스 활동을 하는 기업들, 그래서 다국적 기업의 사전적 정의는 최소 두 개 국가 이상에서 경영 활동을 수행하는 기업, 그런 기업을 다국적 기업이라고 부릅니다.

자, 그럼 이렇게 다국적 기업이 새롭게 직면하는 환경의 종류가 있는데 중요한 것 몇 가지만 적어 보겠습니다. 먼저 진출 국가의 정치, 경제 환경이 있지요. 정치적으로 다당제냐 아니면 일당 독재냐 이런 거… 경제적으로는 시장 경제를 택하고 있느냐 아니면 계획 경제냐 이런 것들. 환경이 달라질 수 있다라고 하는 거지요. 사회 규범이라는 게 있습니다. 규범은 법보다는 낮은 개념이지만 어떤 사회가 오랜 세대 간 학습을 통해서 공유하고 있는 것이지요. 이것은 더 넓은 의미로 확대가 되면 뭐가 되느냐? culture라고 부르는 문화가 되지요. 그래서 어떤 사회든지 고유하게 형성하고 있는 문화가 있습니다. 이 문화는 지역별로 국가별로 다르게 나타날 가능성이 굉장히 높다라는 것이죠. 다국적 기업이 가장 애를 먹고 있는 게 바로 문화에 적응을 하는 것입니다. 문화에 빠르게 적응하지 못하면 국내 시장에서는 이런 것들이 통용이 되었는데 해외에 나가서 해 보니까 이렇게 하니까 운영이 안 되더라. 왜 그럴까? 거기는 그 사회를 구성하고 있는 사람들이 통념적으로 믿고 따르고 지키려고 하는 사회적 문화가 다르더라. 이렇게 되기 때문이지요. 문화에 빨리 적응해야 되고요.

가 🎧 전통적으로 다국적 기업이 해외 시장에 진출하는 방식은 여기 지식과 자원 몰입, 몰입을 commitment라고 합니다. 자원 리소스가 되겠지요. 그래서 지식과 자원 몰입의 상호 관계로 보는 이론이 가장 유력한 이론입니다.

나 🎧 어떤 기업이든지 해외 시장에 진출해야겠다라고 할 때 느끼는 거리라는 게 있어요. 거리는 디스턴스(distance)라고 합니다. 거리가 있는데 그 거리감에는 거리에는 두 가지가 있는데 하나가 뭐냐하면 물리적 거리가 있습니다. 하나는 심리적 거리가 있습니다. 물리적 거리는 글자 그대로 얼마나 머냐 가깝냐 이 문제예요. 한국 기업들한테 물리적 거리가 가깝다고 한다면 일본, 중국이 물리적 거리 가깝습니다. 반면에 한국 기업들한테 남미, 아프리카 이런데는 물리적 거리가 멀지요. 그러니까 물리적 거리가 가깝다 멀다 이 개념이 있고요. 그 다음에 심리적 거리인데, 이건 뭐냐? 예를 들어서 한국 기업이 브라질에 진출한다. 물리적으로 거리가 굉장히 멀어요. 먼데 근데 창업자가 이런 경험이 있는 거예요. 브라질에서 어렸을 때 오래 살았다, 아니면 내가 거기서 대학을 나왔다, 거기서 뭐… 유학을 했다. 그렇게 되면 그 사회에 대해서 친숙감이 좀 더 높겠지요. 그럼 이 사람에게 브라질이 물리적으로는 멀지만 심리적으로는 멀다고 느끼지 않는 것이지요. 그렇게 되면 어떻습니까? 이 사람한테 브라질이라고 하는 특정 국가는 심리적으로는 가까운 겁니다. 물리적인 것과는 상관없이.

다 🎧 그래서 기업들은 대체로 처음에 어떤 의사결정을 통해서 어떤 지역에 진출하느냐 물리적이든 심리적이든 가까운 곳부터 먼저 진출을 합니다. 왜냐하면 너무 모르는 먼 곳에 가거나 이렇게 되면 너무 낯선 환경을 갑자기 만나게 되고 그러면 기업 입장에서는 낯선 환경에 익숙해지는 과정, 친숙해지는 과정 동안 굉장히 조직적인 학습을 하고 이래야 되는데 그게 시간이고 비용이 다 들어가는 것이지요. 그러니까 비용을 절감하고 또 리스그를 좀 피해 보자. 그러면 아무래도 물리적으로 심리적으로 가깝게 되면 내가 그 국가에 대한 지식이 많다라고 판단할 수 있다는 것이지요. 그래서 가까운 거리를 나가게 됩니다.

라 🎧 8-2-라　　　가까운 거리로 진출하게 되면 그 해당 국가에 진출하을 해가지고 그 기업이 가지고 있는 자원 즉 다국적 기업이 가지고 있는 여러 가지 자원을 현지 시장에 몰입을 하는 것이지요. 그러니까 자원을 투자하는 겁니다. 무슨 얘기냐? 현지에 건너가서 현지의 건물을 사서 회사를 세우고 현지인을 고용했다고 하고 하는 것은 이거 다 뭐가 들어간 것이지요? 비용이 들어간 것이지요. 코스트(cost)가 들어가는 겁니다. 기업이 가지고 있는 재무적 자원 혹은 비재무적인 자원 또 다른 기준으로 텐저블(tangible) 인텐저블(intangible) 유형 자원, 무형 자원 이런 여러 형태의 자본을 투입하면서 현지 활동을 하게 되는 것이지요. 기업이 자원을 몰입하지 않으면 활동을 하지 않는다라는 얘기예요. 기업이 회사에 돈만 막 쌓아 놓고 아무것도 안하고 가만히 있는다는 얘기지요. 그러면 그 기업은 실제로 활동을 하는 기업이라고 보기 어렵지요. 그래서 기업은 자원 몰입 활동을 통해서 현지, 보통 local 마켓이라고 부르는 데 로컬 마켓에서 비즈니스 활동을 이어가는 겁니다.

자 그런다면 어떤 일이 생기느냐? 비즈니스 활동을 이어가다 보면 활동을 이어간 시간만큼 경험이 쌓이지요. 경험이 쌓이고 그 경험이 축적되면 노하우가 됩니다. 그리고 노하우가 또 축적되면 그게 지식이 되는 거예요. 그러니까 자원을 충분히 몰입을 하고 열심히 활동을 하다 보면 반대급부적으로 지식이 축적되는 것이지요. 지식이 축적되면 어떤 현상이 일어나느냐? 내가 처음에 물리적 거리 가까운데 일본에 가 봐야겠다, 일본이 그래도 우리와 가깝잖아. 한국 기업들. 가서 자원 몰입을 해가지고 막 활동을 하다 보니까 아, 이제 일본 사회에 대해서 알게 되었다고 보는 것입니다. 일본 사회, 정치, 사회적인 규범, 법, 문화 제도적인 문화 뭐 이런 걸 알게 되는 것이지요. 그럼 지식이 쌓이는 것이지요. 지식이 쌓이면 어떻게 되는 것이냐? 다음 행보에 대해서 조금 더 먼 곳으로 갈 수 있다는 판단을 해요. 왜요? 내가 좀 아는 것이 있다. 우리 기업이 쌓은 지식이나 노하우가 있다라고 판단을 하니까 조금 더 먼 거리 조금 더 물리적으로 멀거나 심리적으로 먼 거리로 진출할 수 있다는 것이지요.

유홍준 교수 〈사회학 입문〉 강의 일부

조금 전에 이야기한 것처럼 사회학의 출발은 '인간이 각자는 자기 이익을 추구하는 존재인데 어떻게 다수가 모여서 나름대로의 그런 질서 있는 공동체 사회생활을 하는 것이냐?' 이와 같은 홉스의 문제 인식에서 출발이 되었다고 했죠? 거기에서 우리가 등장하는 것이 사회학자들의 핵심적인 관심 중의 하나는 '사회 질서가 어디에서 오느냐?' 하는 문제입니다. 영어로 얘기하면 social order. '사회 질서의 본질이 무엇이냐?' 지금 깊이 이야기할 수는 없는데, 이 사회 질서의 본질에 대해서 미시적인 측면에서 그 개개인의 행위, 상호작용, 이런 측면에서 설명하는 그런 학파들도 있고 사회 구조라고 하는 그런 거시적인 사회 틀을 가지고서 사회 질서의 본질을 설명하려고 하는 그런 틀이 있다는 것만 여러분들에게 안내를 하겠습니다. 그런데 어떤 인간 사회에서든지 간에 나름대로의 사회의 질서가 형성이 되어 유지가 되고 있지만 그런 사회의 질서는 변화하기 마련입니다. 어제의 질서와 오늘의 질서가 우리가 보기에는 우리가 보기에는 같은 것으로 보이지만 그 시간을 좀 길게 놓고 보면 예를 들어 대한민국 사회에서도 10년 전의 사회 모습, 그때의 질서, 50년 전의 사회의 모습과 그때의 질서, 지금 현대 사회의 모습과 질서가 다른 것이죠. 이와 같이 사회의 질서는 지속적으로 변화하기 마련인데, 혹은 변동하기 마련인데 이것을 사회학에서는 학술적인 용어로 '사회 변동' 이렇게 이야기합니다. 영어로는 'social change' 이렇게 표현하는 것이죠.

가 그런데 인간은 기본적으로 하나의 그... 경제학에서는 경제적 동물 이렇게 표현을 하기도 하지만 우리 사회학에서는 인간은 기본적으로 사회적 존재라고 보죠. 그렇기 때문에 각 개개인은 자기 자신이 나름대로 생각하고 즉 사고하고 그 사고의 바탕에서 어떤 마음속에 태도를 갖고 그 태도에 기반해서 겉으로 동작을 드러내는. 그런데 겉으로 드러낸 동작 자체가 아무런 부의미한 동작이 아니고 자기가 이 동작에 나름대로 의미를 담아 가지고

서는 겉으로 동작을 드러내는 것이죠. 예를 들면 친구들과 만났을 때 손을 흔드는 동작, 이거 의미 있는 동작 아닙니까? 예를 들어서 친구를 만났을 때 눈을 깜빡이는 그런 동작의 경우에도 그것도 나름대로 의미를 담아 가지고 하는 그런 행위인 것이죠. 이것을 사회학에서는 '행위' action 영어로 이렇게 부릅니다. '사회적 행위', 혹은 '행위' 이렇게 부르는 것이죠.

나 🎧 9-2-나 　따라서 모든 개개인은 기본적으로 이와 같이 행위를 하는 데 있어서 그 행위가 나름대로 자기가 무슨 행위를 하는 것인지 의미를 담아서 행위를 하는 것이기 때문에 만약에 그 행위를 보는 다른 상대편이 있죠. 친구가 됐든 부모님이 계시든 상대방이 있는데 그 상대방이 내가 하는 행위가 어떤 의미인지를 제대로 이해할 수 있다고 하면 거기에 맞추어 가지고선 친구나 부모님이 그 반사적인 행위를 하지 않겠습니까? 따라서 이와 같이 각각의 사회적 행위는 나름대로 의미가 있는 것이고, 이 개개인의 행위가 다른 사람들하고 주고받음으로써, 영어로 표현하면 내가 action을 취하면 상대방이 나한테 reaction을 취함으로써 action과 reaction을 합치면 행위를 주고받는 것인데 이것이 영어로 하면 inter-라고 하는 접두사가 붙어서 inter-action, 상호작용이 되는 것이죠. 상호작용이라고 하는 것은 그런 맥락에서 사회학에서 굉장히 중요한 개념입니다. 이 상호작용에서 그 행위를 주고받는 당사자들이 서로의 행위에 대해서 담겨져 있는 의미를 제대로 해석할 수 있다라고 하면 아무런 문제가 없는 상호작용이 이루어질 수 있고 그것이 사회 질서가 유지되는 기본적인 바탕이 된다. 이렇게 생각하는 관점들이 사회학의, 사회 질서를 설명하는 미시적 관점의 가장 기본적인 이론적인 바탕인 것입니다.

다 🎧 9-2-다 　그런데 이렇게 사람들이, 개인들이 상호작용을 주고받는데, 그 상호작용을 주고받는 사람들, 행위 당사자들은 나름대로 어떤 연계를 갖고 있는 사람들이죠. 그것이 예를 들어서 부모 자식 간의 관계가 되었든, 친구 간의 관계가 되었든 혹은 이성 간의 어떤 관계에 있는 당사자들 간의 행위가 되었든 간에 행위 당사자들 간에 이렇게 연결을 맺고 있는 것이 될 텐데, 이와 같은 것을 사회학에서 '사회적 관계'라고 표현합니다. 즉 사회적 관계라고 하는 것은 스승과 제자의 관계, 부모 자식 간의 관계, 친구 관계, 이러한 것들이 다 사회적 관계의 예가 되겠죠.

라 🎧 9-2-라 　그런데 이렇게 사회적 관계가, 다양한 사회적 관계가 있는데, 이렇게 다양한 사회적 관계를 맺고 있는 사람들 간에 상호작용을 지속적으로 반복적으로 할 것 아닙니까? 그렇게 하다 보면 그런 상호작용에 의해서, 그때그때 다른 형태의 상호작용이 벌어지기보다는 오랜 시간이 이렇게 누적되고 그러면 일정한 패턴(pattern)을 갖춘 영어로 표현해서, 한국말로 표현하면 일정하게 유형화된 그런 상호작용이 이루어지게 되고, 이런 사회적 관계가 전반적으로 지속적이고 반복적으로 행위를 즉 상호작용을 주고받는 가운데 있어서, 사회 전반적으로 일정한 어떤 패턴을 갖추어 가지고서 규칙적인 어떤 경향을 보이게 마련입니다. 즉 다시 말하면 각자의 경우에 다를 수 있지만 일반적으로 부모와 자식 간에는 관계는 친구들 간의 관계하고는 다르게 되는 것이죠. 사회적 관계의 성격이 다르기 때문에. 이와 같이 사회 전반에 확산되어 있는 양상을 사회학에서 '사회 구조' 이렇게 이야기하는 것입니다. 영어로는 social structure.

즉 지금까지의 몇 가지 중요한 개념에서 여러분들이 생각을 해보면, 개인들의 사회적 행위는 상호작용을 거쳐서 궁극적으로 그것이 지속적으로 반복된 유형을 거쳐서 사회 구조를 형성하게 된다는 것입니다. 그런데 그렇게 일단 형성된 사회 구조는 다시 개개인의 사회적 행위에 영향을 미치는 그런 주고받는 관계에 있게 되는 것이죠.

제10과

배선애 교수 〈영화의 이해〉 강의 일부

자 그렇다면 영화를 부르는 이름이 여러 가지가 있어요. 어떤 이름들이 있는 한 번 떠올려 보시면 금방 생각이 날 텐데.

자, 한국어로는 영화이지만, 그것을 영어로 부를 때는, 첫 번째 film이 있습니다. 한국어로는 '필름'. 필름이라고 얘기를 하죠. 필름은 원래는 영화를 제작하는, 영화를 만드는 기본 도구죠. 그래서 그 기본 도구인 필름이라는 이름에서 유래를 했어요. 이름에서 유래된 그 의미 그대로 필름이라는 용어는, 영화 자체, 영화 자체의 미학, 완성도, 요것을 지칭하는 이름으로 필름이라는 단어를 사용하고 있습니다. 그래서 일반적으로 영화다하고 이야기를 할 때 필름이라는 용어를 쓰면 다른 것은 다 떼어놓고 필름이라는 영화만이 가지고 있는 고유한 미학, 그 다음에 구조적인 부분들, 예술적인 완성도에 집중하는 이름이 바로 필름이라고 보시면 되겠습니다.

자 그러면 두 번째, 두 번째 익숙한 단어가 있겠죠. 필름 말고 영화를 부르는 다른 이름. 바로 시네마입니다. 그 아시다시피 '시네마 천국' 이런 영화 있잖아요. 그때 시네마의 개념은 필름의 개념보다 더 확장된 의미라고 할 수 있는데, 시네마는 영화뿐만이 아니라 제도, 영화와 영화를 둘러싼 영화 제도, 플러스 관객의 경험, 그러니까 영화 전체 만들어지고, 만들어지는데 제도가 필요하죠. 그것이 어떻게 유통이 되고 어떻게 관객들과 향유를 하는지 그러한 것들이 모두 결합된 것이 시네마라는 용어입니다. 그래서 필름은 정말로 영화 자체만을 의미한다면 시네마는 영화 자체뿐만 아니라 영화를 둘러싼 훨씬 더 넓은 의미의 다양한 영화적인 모든 사항들을 포함하는 것이 시네마라고 보시면 되겠습니다.

자, 또 하나 있죠. 세 개. 영화를 이르는 단어가 세 가지가 있는데. 필름, 시네마, 또 하나가? 무비. 자, 영화 자체. 영화를 둘러싼 제반의 모든 것. 다 얘기가 나왔는데 무비라는 용어는 도대체 왜 필요할까요? 무비는 사실은 영화의 오락성이 강조된 용어입니다. 영화의 오락성이 강조됐고 영화의 상업성이 강조된 용어예요. 그래서 어쩌면 영화의 미학적인 완성도, 그 다음에 영화 제도의 문제, 기타 등등에 대한 의미 보다는 훨씬 더 영화의 상업성, 오락성을 강조하는 용어로 사용이 되는 게 무비입니다. 최근에는 이 무비는 어떤 방식으로 사용이 되고 있느냐 하면 장르, 영화의 장르를 의미하는 용어로 많이 사용되고 있어요. 최근에는. 왜? 공포 영화, 우리 이것을 뭐라고 불러요? 호러 무비. 맞아요. 그 다음에 멜로 무비, 뭐 이런 식으로. 그래서 무비라는 용어 자체가 오락성, 상업성을 강조된 의미이지만 최근에는 장르, 영화의 장르를 지칭하는 사용되고 있습니다.

그래서 영화를 부르는 다양한 이름, 이렇게 세 가지 정도가 있다는 것, 다 의미가 조금씩 달라요. 고거 기억해 두시는 거 잊지 마시기 바랍니다.

10-2 10-2 강의 듣기 2

자, 이제부터는 영화의 단위에 대해서 살펴볼 텐데요. 영화 한 편을 보면 두 시간, 두 시간 넘어가서 세 시간짜리도 있고 짧게는 한 시간짜리도 있기는 하지만 보통 두 시간 한 편 쭉 진행이 된다고 해서 그것이 하나의 단위가 되는 것은 아니죠. 영화를 구성하는 단위들, 아주 작은 것부터 시작해서 점점 커지는 단위에 대해서 살펴보도록 하겠습니다.

가 10-2-가 첫 번째 가장 작은, 가장 작은 단위가 바로 쇼트입니다. 이거 영어로 발음할 때는 샷이지만 한국에 외래어 표기법이 있어요. 외래어 표기법으로 적으면 쇼트라고 적습니다. '샷' 하면 안 돼요. 적을 때는 쇼트라고 해야 되는 용어인데, 쇼트가 뭐냐 하면 영화의 최소 단위예요. 최소 단위이고, 카메라가 한 번 딱 작동을 시작해서 멈춤, play stop 요기기까지의 조작에 의해서 기록되는 단위가 바로 쇼트라고 할 수 있습니다. 그러니까 카메라가 플레이 스톱 이렇게 움직이는 최소한의 어떤 것. 그래서 쇼트는 사실은 어떤 의미를 가지고 있지 않아요. 가지고 있지 않고 그 자체가 카메라 조작 하나의 장면으로만 남는 것이 쇼트라고 할 수 있습니다.

나 🎧 10-2-나 쇼트만 가지고 의미가 만들어지지 않기 때문에 조금 더 의미가 만들어질 수 있는 큰 단위가 있는데, 그것이 바로 신입니다. 발음은 씬이지만 역시나 표기할 때는 또 '신'이라고 적습니다. 신인데요, 신은 여러 쇼트들의 결합이에요. 여러 쇼트들의 결합이 되겠습니다. 그래서 어떤 연속성을 가지게 되는 것이죠. 그 자체가 하나의 서사나 내러티브, 이야기를 만들어내는 것은 아니지만 장면 하나의 의미가 연속성을 가지고 있다는 것인데, 이거 여러분들, 왜 그런거 있잖아요. 흔하게 쓰는 말로 키스 신, 그 다음에 액션 신, 이런 것은 카메라의 쇼트가 한 사람 얼굴만 찍고 다른 사람 얼굴 찍고 서로서로 연결을 해가지고 그 자체가 키스하는 장면을 만든다든가 아니면 결투하는 장면을 만든다든가라는 방법을 통해서 연속성을 가지는 그래서 최소한의 의미의 덩어리를 만들어 내는 것이 신이라고 할 수가 있겠습니다.

다 🎧 10-2-다 근데 이 신만 나열해가지고는 이야기가 안 되죠. 그래서 신보다 조금 더, 제일 큰 범위의 단위가 있습니다. 그것이 바로 시퀀스, 시퀀스라고 이야기를 합니다. 시퀀스는 쇼트가 아니라 신이에요. 신의 단위예요. 여러 신들을 모아 가지고 그 자체의 의미, 혹은 내러티브, 이런 것들을 만들어내는 것이 시퀀스라고 이야기할 수가 있겠습니다. 그래서 엄밀하게 영화라고 한다면 그것도 특정한 줄거리를 가지고 있는 영화라고 한다면 여러 시퀀스들이 결합된 것이 바로 영화라고 보시면 되겠어요.

라 🎧 10-2-라 최소한의 단위인 쇼트를 기본 단위로 하고 있지만, 그 쇼트가 연속성을 가지기 위해선 신으로 만들어지고, 연속성을 띤 여러 신들을 결합시켜서 특정한 시퀀스, 다시 말해서 어떤 이야기나 어떤 의미를 만들어내는 시퀀스까지 가야지만 의미가 만들어지는데, 이런 시퀀스가 여러 가지 겹쳐서 쭉 나열되어 있는 것이 전체 영화의 맥락이라고 보시면 되겠습니다.

그래서 영화를 보실 때요 시퀀스의 의미를 분석하는 것도, 그것을 감상하는 것도 좋으시겠지만 특정한 장면, 특정한 신, "이 액션 신은 정말 흥미로워"라고 해서 이렇게 신만 따로 보셔도 되고요. 이 신을 구성하는 쇼트의 특징들을 살펴보는 것도 영화를 보는 또 다른 재미라고 할 수 있습니다.

제11과

김경원 교수 〈표절 – 대학 윤리〉 강의 일부

11-1 11-1

　표절이란 무엇일까요? 영어로 표절은 plagiarism으로 라틴어 plagiarius에서 유래했습니다. 라틴어 plagiarius는 아이들을 유괴하는 해적들 혹은 노예 도둑을 의미합니다. 따라서 표절은 다른 사람의 정신적 아이를 훔치는 행위를 말합니다. 한자어 표절의 '竊(절)' 역시 몰래 훔치는 행위, 즉 절도와 의미가 같습니다.

　그러면 표절의 일반적 정의를 살펴보도록 하겠습니다. 하버드 대학의 표절 규정에는 원작자의 동의 없이 거짓말, 속임수, 도용의 방법을 동원하여 출처도 밝히지 않고 정보, 아이디어, 말들을 자신의 것인 양 행세하는 행위로 정의하고 있고, 국내 대학들의 연구 윤리 강령에서도 표절을 타인의 아이디어, 연구 내용, 결과 등을 정당한 인용 없이 사용하는 행위로 설명하고 있습니다. 이를 종합해 보면 표절은 원저자로부터 사전에 허락을 받지 않거나 또는 출처를 밝히지 않고 마치 자신의 것인 양 무단으로 베끼는 행위를 말합니다.

11-2 11-2

가 11-2-가　　표절은 크게 전면적 표절과 부분적 표절로 나눌 수 있습니다. 전면적 표절은 타인의 텍스트를 완전히 도용하여 자신의 글인 것처럼 꾸미는 경우이며 부분적 표절은 인용 표시 없이 원문의 자료와 자신의 견해를 섞어 놓은 후 글 전체가 자신의 것인 양 꾸미는 경우를 말합니다. 전자는 극소수의 파렴치한 학생들에 의해 저질러진다는 특징이 있고, 후자는 교묘한 방법으로 광범위하게 발생하기 때문에 비교적 죄책감을 덜 느낀다는 특징이 있습니다. 부분적 표절의 경우 원문의 일부분을 근거 없이 그대로 옮겨오는 경우,

중요 개념이나 표현을 표절하는 경우, 글의 구성이나 구조를 차용하는 경우가 여기에 해당합니다.

나 🎧 11-2-나　　전면적 표절은 표절 사례에서 보듯이 '인문과학계열 전우치'라는 제출자의 이름만을 제외하고 제목부터 내용까지 전부를 모두 베낀 경우를 말합니다. 다른 이의 글뿐만 아니라 본인이 이전에 제출했던 글을 아무런 설명 없이 그대로 다시 제출하는 경우도 여기에 포함됩니다.

다 🎧 11-2-다　　다음으로는 원문의 표현만을 약간 바꾸는 부분적 표절의 경우입니다. 표절 사례에서 보듯이 '색채와 문화 그리고 상상력'이라는 글의 일부분을 가지고 와 몇몇 표현만을 바꾼 경우입니다. '서구인들은'을 '서양에서는'으로, '신이 있는 곳에 빛이 있다고'를 '빛이 있는 곳에 신이 있다고'로, '상태라는 점에 수목해야 한다'를 '상태인 것이다'로 약간씩 바꾼 표절 사례입니다.

라 🎧 11-2-라　　다음은 일부 원문을 그대로 옮겨온 부분적 표절 사례의 경우입니다. 본인의 글에다가 캐롤린 핸들러 밀러의 글 일부분을 아무런 인용 없이 가지고 와 마치 자기의 글의 한 부분인 것처럼 사용한 표절의 사례입니다. 이 경우 바른 형태는 다음에서 보듯이 본인의 글과 인용한 글을 인용문 형태로 명확히 구별하고 올바른 글의 예에서 보듯이 각주를 달아 정확한 서지 사항, 즉 저자명, 서명, 번역자, 출판사, 출판 연월일, 쪽수 등을 명시해 주어야 합니다.

마 🎧 11-2-마　　다음으로는 부분적 표절 사례의 하나인 중요 개념이나 표현상 표절의 경우입니다. 애런지 필러의 '허리 세운 유인원' 가운데 쓰인 저자의 독창적인 개념인 '문화적 진공 상태'라는 용어를 아무런 인용과 설명 없이 사용하고 있는 사례입니다. 이 경우 올바른 글은 '문화적 진공 상태'라는 글을 언급하고 이를 설명한 연구자가 진화 생물학자인 애런지 필러라는 사실을 각주를 통해서 분명하게 명시해 주어야 합니다.

이우성 교수 〈생명과학개론〉 강의 일부

강의 듣기 1

12-1 12-1

자, 이제 우리 수업 주제를 조금 바꾸어서요. 우리 아까 식물이 주로 광합성을 한다고 했지요? 식물을 우리가 생산자라고 한다고 말했습니다. 식물에 연관된 중요한 생명에 관한 이야기를 하기 위해서 생태계라는 다음 주제로 넘어갑니다. 생태계라고 하면 ecosystem이라고 할 수 있는데요. 이것은 어떤 특정 단위 지역에 이것이 지구가 될 수도 있고 경기도가 될 수도 있고 아니면 우리가 살고 있는 이 도시가 될 수가 있고 연못이 될 수도 있고 다양한 종류의 생태가 있을 수 있는데, 동물이 아니라 지역에 있는 생물과 무생물, 바위, 온도, 바람, 생물이 아니지요. 그래서 생물과 생물을 둘러싸고 있는 무생물 이런 것들을 전체를 합쳐서 우리가 생태계라고 정의할 수가 있는 것입니다.

그래서 어떤 생태계든지 생물들이 살아야 되니까 무생물들의 협조와 서로 같이 하모니(harmony)를 이루어 가면서 잘 살아가야 할 텐데 이런 생태계에 있는 생물들은 중요한 특징 중의 하나가 바로 먹이사슬이라는 것이 있는 것입니다. 어떤 생태계든지 먹이사슬 food chain이라고 하는데요, 이런 것이 존재를 하게 됩니다. 그러니까 다양한 종류의 생물들은 서로 간에 어떤 관계 어떤 먹이가 되고, 먹는 포식자가 되고, 먹히는 먹이가 되고 이런 관계를 유지하면서 살아가는 것이 아주 일반적인 특징입니다. 안 먹고 안 잡히고 그러는 것이 아니고 반드시 먹고 먹히고 하는 그런 과정이 생태계의 기본적인 생산이라는 것이고 그런 생태계에는 크게 세 종류의 중요한 구성 요소가 있는데 조금 전에 얘기한 생산자라는 것이 있습니다. 여기 있는 생물들이 먹고 살기 위해서는 영양분이 있어야 되지 않겠습니까? 그 영양분을 기본적으로 원초적으로 공급해주는 것이 바로 생산자인 것입니다. 대표적인 게 식물이고요. 그 다음에 두 번째가 이 생산자를 먹는 소비자라는 것이 있습니다. consumer. 이런 것이 있고요. 그 다음에 세 번째 구성 요소로는 분해자라는 것이 있습니다. decomposer 이런 말을 쓰는데요. 이런 많은 생물들의 사체나 배설물 이런 것들을 잘게 부셔서 다시 생태계에 있는 생물들한테 돌아가게 하는 사체나 배설물 이런 것을 분해시키는 대부분들은 미생물들이 주로 분해자가 되는 것입니다. 그래서 생산자가 필요하고 그 생산자를 먹는 소비자가 필요하고 그 다음에 분해자가 ecosystem에서 중요하게 작용하게 되는 것입니다.

가 　안정된 생태계가 유지되어야 하는 것이 모든 생태계에서 아주 중요한 특징이고요. 그래서 여기서는 이것과 맞물려 가는 것이 바로 생물 다양성이 중요한 얘기가 됩니다. 생물이 다양하게 있어야 된다는 것이지요. 자, 그러니까 생산자도 있어야 되고 소비자도 있어야 되고, 소비자도 한 종류가 아니라 1차, 2차, 3차, 그런 소비자들이 쭉 있어서 그런 것들이 항상 일정한 농도를 가지고 있어야지, 일정한 개체수, 그런 것들을 가지고 있어야 되는 이런 생물 다양성이 있어줘야지 아까 얘기했던 이런 먹이사슬에서 설사 한두 개가 빠지더라도 다양성이 있으니까 이것이 없으면 새로운 것이 와서 대체가 되든지 해서 생태계는 유지할 수가 있는 것입니다.

나 　그래서 우리가 요즘 생물 다양성이라는 문제가 다시 중요한 화두로서 부각되는 것이 지금 너무나 많은 우리 생물종들이 지난 10년, 20년, 30, 40, 50년, 최근에 역사의 오랜 동안에 잘 유지되어 오던 것이 마지막 한 50년 사이에 걸쳐서 정말 생물들이 멸종되는 멸종 위기종들이 아주 엄청나게 늘어나고 있는 것입니다. 코끼리도 지금 동물원이 아니고는 아프리카라든가 인도 몇 군데 특정 지역을 빼 놓고는 보기가 점점 힘들어지고 사자도 마찬가지고요. 한국으로 말하면 100년 전 그때까지는 제법 많이 있었던 늑대, 호랑이 이런 것들은 어느덧 이미 다 없어졌고요. 뿐만 아니라 큰 포식자뿐만 아니라 새우, 작은 나비, 또 벌들 많은 것들이 개체수가 줄어들고 멀지 않은 시절 때가 되면 그것이 멸종될 것이라는 얘기를 많이 하고 있는 것입니다. 그래서 우리가 생물 다양성을 보호하고 유지하는 것이 상당히 중요한데요. 어떤 것이 멸종이 된다면 어떤 특정 생물, 특정종이 멸종이 된다면 이 특정종, 가령 오늘로 어떤 특정한 사자 종류가 이 세상에서 완전히 축출되어서 없어진다면 그 사자를 통해서 진화가 될 수가 있는 그런, 긴 역사를 통해 진화가 될 수 있는 그런 가능성이 오늘로서 없어지는 것이지요. 지구로서는 엄청난 손실이 되는 것이고 그럼으로 해서 먹이사슬이 상당히 약해지고 불안해지고 그렇게 되는 것이지요.

다 　자, 이것을 생물 다양성을 위협하는 가장 큰 이유가 바로 문명이라고 볼 수 있습니다. 지난 몇 세기 동안 천년, 이천년이라고 볼 수 있고요. 문명이 발달하면서 많은 생물들이 죽게 되었고 식물들이 줄어들게 되었고, 공기, 많은 오염물질 등으로 인해 많은 생물들이 죽게 되었지요. 그 다음에 이것과 맞물려 사람들이 **멸종**의 가상 대표적인 원인이라고 얘기를 하는데요. 사람들이 값비싼 코끼리 상아 뿔을 모으려고 하고, 바다에 있는 상어 지느러미가 맛있다고 해서 상어를 아주 대규모로 포획을 해서 혹자들은 2-30년 내에 상어가 사라질지도 모른다고 얘기를 합니다. 지금은 정말 생물종들이 50년, 100년 전만 해도 풍부했던 생물종들이 이제는 동물원에 가지 않는 이상 볼 수가 없을 정도가 이미 되어가고 있고 앞으로 멀지 않은 장래에 그렇게 되어 있을 것입니다.

라 🎧 12-2-라 극단적인 예를 들면 어떤 생태계에서 사람만 살아남고 사람이 워낙 멸종을 많이 시키니까 사람만 살아남고 어떤 작은 박테리아만, 너무 작으니까 죽이지 못하니까, 잡아먹지 못하니까, 안 보이니까 일단 공격할 수도 없고 그것만 살아남게 된다면 어떻게 되겠습니까? 이 박테리아가 결국은 사람만 공격하지 않겠습니까? 사람이라는 먹이가 있으니까. 사람이 결국 다치게 되지요. 그래서 사람이 만들어 놓은 문명 이런 것들이 멸종을 시키게 되는데 생물 다양성을 상당히 줄여 버리게 되면 그것의 피해는 결국은 다시 문명이나 사람에게 돌아올 것입니다. 자, 그렇기 때문에 우리 생명과 함께 살아가는 지구상에서 살아가는 우리들은 생물 다양성이라는 것의 중요성과 이것을 지켜야 되는 당위성을 잘 이해할 필요가 있는 것입니다.

모범 답안

제1과

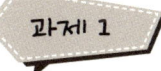

1. 담화 상황 파악하기

누가(화자)	대학 총장
누구에게(청자)	신입생(새내기)
언제	입학식
어떤 목적으로	입학 축하, 당부의 말

2. 내용 파악하기

　　2) ○, ×, ×, ○, ○

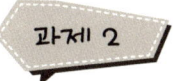

1. 담화 상황 파악하기

누가(화자)	교수
누구에게(청자)	수강생
언제	첫 수업 시간
어떤 목적으로	강의 안내

2. 내용 파악하기

2)

과목명	언어학 개론
교수명	김정민
수업 목표	1. 언어의 일반적인 특성을 이해한다. 2. 언어학의 기본 분야인 음성학, 음운론, 형태론, 통사론, 의미론 등을 전반적으로 살펴본다.
평가 방법	중간고사 30점 + 기말고사 30점, 과제 20점 + 수업 태도 10점 + 출석 10점

과제 3

1. 담화 상황 파악하기

누가(화자)	행정실 직원
누구에게(청자)	신입생
언제	오리엔테이션
어떤 목적으로	대학 생활 안내

2.

단락	제목
[가]	학사 일정
[나]	수강 신청 및 정정
[다]	수강 신청 방법
[라]	장학 제도

152

과제 1

1.

	토론 주제	토론자의 주장
[가]	외국어 조기교육	어릴 때부터 외국어를 가르칠 필요가 없다.
[나]	수업 시간 휴대전화 사용	수업 시간에 휴대전화 사용을 허용하면 안 된다.
[다]	사교육	과도한 사교육을 제한할 필요가 있다.
[라]	인터넷 실명제	인터넷 실명제를 실시해야 한다.
[마]	핵 발전소 건설	에너지 부족 문제를 해결하기 위해 핵 발전소 건설이 필요하다.
[바]	정당방위	청년의 행동은 정당방위가 아니다.

과제 2

1. 사교육
2. 토론자 1: 좋은 대학, 좋은 직장을 얻기 위해서는 사교육을 막을 수는 없다.

   토론자 2: 사교육을 통해 자신감을 갖는 학생들도 있다.

   토론자 3: 과도한 선행 사교육을 금지하는 제도를 만들어야 한다.

   토론자 4: 과도한 사교육으로 인한 문제점을 해결하기 위해서는 사교육을 제한할 필요가 있다.

과제 3

1. 정당방위
2. 토론자 1: 누군가 내 재산을 침범하고 내 가족을 위협한다면 목숨을 걸고 대응하는 것이 당연하다.

   토론자 2: 청년이 도둑을 제압한 상황에서 도둑에게 지속적인 폭행을 가했다는 점에서 청년의 행동은 정당방위라고 할 수 없다.

토론자 3: 또 다른 사고를 막기 위해서라도 청년의 행동은 지나치지 않았다.

토론자 4: 범죄자가 다쳤다고 과잉방어라고 할 수 없다. 우리나라 법이 정당방위 기준에 대해 지나치게 인색하다.

토론자 5: 자신과 재산을 지키는 것은 정당한 행동이지만 법 집행을 자신이 마음대로 할 수 있는 것은 아니다.

제3과

1.

	발표 구조 파악	발표 주제
[가]	본론	사교육의 개념과 유형 한국 교육에서 사교육이 차지하는 비중
[나]	도입	커피가 건강에 미치는 영향
[다]	마무리	지구 온난화가 환경에 미치는 영향
[라]	도입	소셜 네트워크 서비스(SNS)의 장단점
[마]	본론	한류의 개념 한류의 나라별 양상
[바]	본론	가짜 뉴스 문제의 해결 방안

2.

[가] 개념, 유형, 차지하는

[나] 맡은, 건강에 미치는 영향, 조사

[다] 종합해, 온난화, 환경 문제, 환경을 보호하기

[라] SNS의 장단점, SNS의 개념, SNS의 장점, SNS의 단점

[마] 현상, 양상, 나라별로

[바] 관련 법제 제정, 제도적 측면, 언론사와 대중, 해결 방안

과제 2

2. 2. 소셜 네트워크 서비스(SNS)를 이용하는 이유

과제 3

Ⅰ. 가짜 뉴스의 개념 및 특징

1. 가짜 뉴스란?

사실에 근거하지 않은 뉴스

사실에 근거하지 않는 언론 매체는 많다!

(ex: 찌라시, 오보, 유언비어)

Ⅰ. 가짜 뉴스의 개념 및 특징

1. 가짜 뉴스의 특징

▸ 언론사에서 나오는 기사의 형태를 띄고 있음.

▸ 전체 또는 부분적으로 사실이 아닌 것에 근거하여 만들어짐.

▸ 여론 형성과 대중의 사리 판단에 악영향을 줌.

▸ 특정한 정치적 목적을 실현하기 위해서 생산됨.

Ⅱ. 가짜 뉴스의 유포 원인

1. 뉴스 소비의 성격
 – 자신의 정치적 성향과 같은 내용일 때.
 ➔ 신용, 소비 하게 됨.

2. 주류 언론에 대한 낮은 신뢰도
 – 정치적 이해관계에 따라 반감과 낮은 신뢰도를 가짐.
 ➔ 정치적 성향이 맞는 다른 뉴스와 기사를 수용.

Ⅲ. 가짜 뉴스의 문제점

1. 특정한 정치적 목적을 실현하기 위해 생산되므로, 언론의 공정성과 거리가 있음.

2. 특정 집단, 개인의 이해관계에 따라 여론을 조작하고 형성하는 도구로 쓰임.

3. 사회를 극단 주의로 치닫게 함.

Ⅳ. 가짜 뉴스 문제의 해결 방안

▸ 가짜 뉴스의 정의가 모호함에 따라, 관련 법제 제정이 어려운 상황임.

언론사

기사 작성에 있어서. 팩트 체킹 강화.
언론을 사칭하는 가짜 뉴스 제작자에 대한 법적 대응 강화.
사실 관계 확인에 대한 모니터링 강화.

Ⅳ. 가짜 뉴스 문제의 해결 방안

▸ 가짜 뉴스 문제는 단순히 언론사의 책임 강화로 해결되는 문제가 아님.

대중

기사를 구독할 때 출처를 따져야 하며 다른 기사와 내용을 비교, 대조 해야 함.

과제 1

1.

	강의 구조 파악	강의 주제
[가]	도입	영화의 정의, 영화의 구성 요소, 영화의 단위
[나]	마무리	의사소통 방식
[다]	본론	다국적 기업이 해외 시장에 진출하는 여러 가지 형태와 운영 원리
[라]	본론	사회심리학의 정의, 사회적 상황의 개념
[마]	도입	유비쿼터스 컴퓨팅에 대한 개략적 설명
[바]	본론	21세기 사회에 대한 긍정론과 부정론

2.

[가] 기초적인 사항, 영화가 무엇이고, 구성 요소, 영화의 단위

[나] 음성이나 문자, 생각이나 주장, 청자, 독자, 의사소통 방식

[다] 진출하는, 형태와 운영 원리, 출현 배경, 진출 과정

[라] 사고, 감정, 행동을 연구하는

[마] 유비쿼터스 컴퓨팅, 개략적인

[바] 직면해서 살게 될, 긍정론과 부정론, 양론, 예측할

과제 3

2. 내용 파악하기

1) 사회를 연구하는 학문, 사회적 삶을 사는 존재, 사회적 삶

3) 삶의 질, 긍정적으로, 낙관론이 논의, 부정적으로 전망, 산업혁명으로 인해서 긍정론과 부정론(양론), 사회를 구성하고 있는, 행위하느냐에 따라서

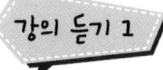

1. 준비하기
   1) 언어의 필요성
2. 내용 파악하기
   1) 언어가 필요, 의미 전달력, 그림, 표현의 제약, 기본적인 본질

1. 준비하기
   1) 언어의 실현 조건(환경)
2. 내용 파악하기
   1) 음성적인 형태, 문자적인 형태, 음성적인 형태, 말을 하지 않고 의미, 말하는 사람,
      화자, 나를 포함해서, 자신, 화자와 청자, 필자와 독자, 화자와 청자, 필자와 독자

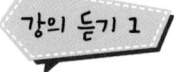

1. 준비하기
   1) 유비쿼터스 컴퓨팅의 개념 및 특징
2. 내용 파악하기
   1) 어디에나 존재한다, 컴퓨팅이 어디에나 존재하는 그러한 상황, 컴퓨터를 기반으로
      하는 서비스

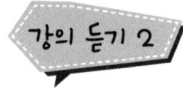

강의 듣기 2

1. 준비하기
    1) 유비쿼터스 컴퓨팅 기술의 특징
2. 내용 파악하기
    1) 인간의 직관적인 사용, 스마트, 지능적인, 컴퓨터, (유비쿼터스를 제공하는) 장치, 직접적
    으로 구동할, 녹아들어가 있는, 스며들어가 있는, 한곳에 가만히 있는 것이, 움직이
    면서 왔다 갔다

제7과

강의 듣기 1

1. 준비하기
    1) 사회심리학의 개념
2. 내용 파악하기
    1) 사회적 상황, 연구하는, 다른 사람들 속에 위치해 있을 때, 상호작용, 다른 사람들의
    영향을 받을 때, 영향을 주고, 영향을 끼친다, 동조, 복종

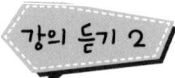

강의 듣기 2

1. 준비하기
    1) 동조 현상
2. 내용 파악하기
    1) 개인이 신념이나 행동을 바꾸는 것, 맞추려는 경향, 상황을 잘 이해하지 못했, 다른
    사람의 행동, 유용한 정보, 표면적으로(겉으로만), 겉으로만 동조하는 경우, 다른 견해,
    동조하는 가능성이 크게 감소된다

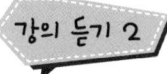

제8과

강의 듣기 1

1. 준비하기
    1) 다국적 기업의 개념 및 다국적 기업이 직면하는 환경의 종류
2. 내용 파악하기
    1) 다국적 기업, 해외 시장, 비즈니스 활동, 두 개 국가 이상, 경영 활동을 수행, 환경에 직면하게, 진출 국가의 정치·경제, 공유하고 있는 것, 문화, 지역별로 국가별로

강의 듣기 2

1. 준비하기
    1) 다국적 기업이 해외 시장에 진출하는 방식
2. 내용 파악하기
    1) 지식과 자원 몰입의 상호 관계, 물리적 거리, 심리적 거리, 물리적, 심리적, 조직적인 학습, 시간, 비용, 물리적으로 심리적으로 가깝게, 지식, 자원, 현지 시장, 몰입한다, 자원을 투자, 자원 몰입 활동, 경험이 축적되면, 노하우가 축적되면, 지식이 된다.

제9과

강의 듣기 1

1. 준비하기
    1) 사회 질서와 사회 변동
2. 내용 파악하기
    자기 이익을 추구하는, 공동체 사회생활, 사회 질서가 어디에서 오느냐, 미시적인 측면에서 거시적인 사회 틀로 사회 질서의 본질을, 형성이 되어 유지되고, 변화하기(변동하기)

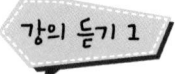

1. 준비하기
    1) 인간의 행위와 사회 구조의 관계
2. 내용 파악하기
    1) 사회적 존재, 생각하고(사고하고), 어떤 마음속에 태도를 갖고, 겉으로 동작을 드러낸
       다, 의미가, 주고받는다, 상호작용, 유지되는 기본적인, 연계를 갖고 있는, 일정한 패
       턴을 갖추고, 확산되어 있는 양상, 상호작용을 거쳐서, 사회구조를 형성하게

──────────────── 제10과 ────────────────

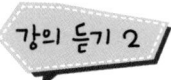

1. 준비하기
    1) 영화의 다른 이름들
2. 내용 파악하기
    1) 영화를 제작하는, 기본 도구, 미학, 완성도, 고유한 미학, 예술적인 완성도, 영화 제
       도, 모든 사항들을 포함하는, 영화의 상업성, 영화의 오락성, 영화의 장르

강의 듣기 2

1. 준비하기
    1) 영화의 단위
2. 내용 파악하기
    1) 최소 단위, 작동을 시작해서, 의미, 쇼트들의 결합, 서사(내러티브, 이야기), 연속성, 최
       소한의 의미 덩어리, 여러 신들, 서사(내러티브, 이야기), 여러 시퀀스들이 결합된 전체
       영화의 맥락

1. 준비하기
   1) 표절의 정의
2. 내용 파악하기
   1) 아이들을 유괴하는, 정신적 아이를 훔치는 행위, 정당한 인용 없이, 출처를 밝히지
      않고 무단으로 베끼는 행위

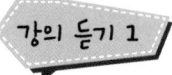

1. 준비하기
   1) 표절의 유형
2. 내용 파악하기
   1) 타인의 텍스트를 완전히 도용, 원문의 자료와 자신의 견해를 섞어 놓은 후
      파렴치한 학생들에 의해, 광범위하게 발생하기, 죄책감, 제목부터 내용까지 전부를,
      저자명, 서명, 번역자, 출판사, 중요 개념이나 표현상, 독창적인 개념(용어), 인용과 설
      명 없이

강의 듣기 1

1. 준비하기
   1) 생태계와 먹이사슬
2. 내용 파악하기
   1) 생물, 생물을 둘러싸고 있는 무생물, 먹이사슬, 기본적인 생산, 구성 요소, 생산자,

소비자, 분해자, 미생물들, 생산자, 소비자, 분해자, 작용하는

1. 준비하기

   1) 안정된 생태계 유지를 위한 방법

2. 내용 파악하기

   1) 생물 다양성, 일정한 농도(개체수)를 가지고 있어야, 대체가, 생태계가 유지될 수 있
      는, 멸종 위기종, 진화할 가능성, 약해지고, 불안해지는, 문명, 생물의 다양성, 문명이
      나 사람에게 돌아올

강의 목록

※ 다음은 강의를 촬영해 주신 분들입니다.

과	교수명	소속
4과 과제2	김석호	성균관대 경세학과
4과 과제3	유홍준	성균관대 사회학과
5과	오광근	성균관대 학부대학
6과	윤희용	성균관대 컴퓨터 공학과
7과	김미리혜	덕성여대 심리학과
8과	조연성	덕성여대 국제통상학과
9과	유홍준	성균관대 사회학과
10과	배선애	성균관대 학부대학
11과	김경훤	성균관대 학부대학
12과	이우성	성균관대 생명과학과

* 이 외에 도움을 준 이민우, 홍은실 교수님과 오성민 군에게도 감사의 마음을
전합니다.

강의 듣기의 기술 1

초판 1쇄 발행 2017년 8월 31일
초판 7쇄 발행 2025년 8월 31일

지은이 김경훤·현원숙·유하라·오문경·장민정
펴낸이 유지범
책임편집 신철호
편편집 현상철·구남희
외주디자인 아베끄
마케팅 박정수·김지현

펴낸곳 성균관대학교 출판부
등록 1975년 5월 21일 제1975-9호
주소 03063 서울특별시 종로구 성균관로 25-2
대표전화 02)760-1253-4
팩시밀리 02)762-7452
홈페이지 press.skku.edu

ⓒ 2016, 김경훤·현원숙·유하라·오문경·장민정

ISBN 979-11-5550-249-5 14710
　　　979-11-5550-162-7 (세트)